我国财产保险公司治理研究

WOGUO CAICHAN BAOXIAN GONGSI ZHILI YANJIU

罗利勇　李悦　邹昌波　杨竞 / 著

西南财经大学出版社
四川 · 成都

图书在版编目(CIP)数据

我国财产保险公司治理研究/罗利勇等著. —成都:西南财经大学出版社,2020.11
ISBN 978-7-5504-4604-5

Ⅰ.①我… Ⅱ.①罗… Ⅲ.①财产保险—保险公司—企业管理—研究—中国 Ⅳ.①F842.65

中国版本图书馆 CIP 数据核字(2020)第 202749 号

我国财产保险公司治理研究
罗利勇 李悦 邹昌波 杨竞 著

责任编辑:李特军
封面设计:墨创文化
责任印制:朱曼丽

出版发行	西南财经大学出版社(四川省成都市光华村街 55 号)
网　　址	http://www.bookcj.com
电子邮件	bookcj@foxmail.com
邮政编码	610074
电　　话	028-87353785
照　　排	四川胜翔数码印务设计有限公司
印　　刷	郫县犀浦印刷厂
成品尺寸	170mm×240mm
印　　张	11.25
字　　数	206 千字
版　　次	2020 年 11 月第 1 版
印　　次	2020 年 11 月第 1 次印刷
书　　号	ISBN 978-7-5504-4604-5
定　　价	68.00 元

前 言

进入20世纪90年代后期，财产保险公司的治理受到了经济合作与发展组织（OECD）和国际保险监督官协会（IAIS）等国际组织、各国政府、财产保险公司及保险研究机构的广泛关注。我国财产保险业自按照世界贸易组织的要求全面开放以来，取得了巨大的成绩，但是，我国财产保险业还处于初级阶段，各公司绩效参差不齐、波动很大，这与公司治理存在的问题密切相关。

公司治理是受外部环境、行业特征等多方面影响的相机治理，没有绝对标杆性的最优模式。本书以财产保险公司为研究对象，以交易成本理论、代理理论和资源依赖理论为理论基础，以合同完备性和资产专用性为主要分析工具，分析和借鉴国际财产保险公司的治理经验，对我国财产保险公司治理的本质特征和特殊矛盾进行剖析，提出了更为有效的治理模式和治理机制。同时，本书采用数据包络分析法（DEA）对我国财产保险公司绩效情况进行分析评价，并采用面板数据回归分析法就我国财产保险公司治理对绩效的影响进行实证分析，进而提出完善我国财产保险公司治理的建议。

当前，我国保险业的发展正面临着改革开放40多年以来从未有过的挑战和机遇并存的大变局，面临着宏观经济周期、技术变革周期与行业“新周期”叠加的复杂形势，但仍具备化挑战为机遇的基础条件，依然处于重要战略机遇期。本书对财产保险公司治理的改进提出了可供参考的意见，以期能促进我国财产保险业抓住机遇，快速健康地发展，使我国从保险大国迈向保险强国。

作者

2020年10月

目　录

第一章　导论

第一节　问题提出

一、选题背景

2001 年 12 月 11 日，我国正式成为世界贸易组织成员，向世界贸易组织承诺两年后允许外国财产保险公司在华设立独资子公司，三年内取消地域限制。2004 年年底，加入世界贸易组织三年的过渡期结束，我国财产保险业进入全面开放阶段，除外商投资财产保险公司不得经营法定业务外，对外商投资财产保险公司没有其他限制。自 2004 年年底财产保险业全面开放以来，我国财产保险行业已经过十多年的发展。在这段时间里，我国财产保险业呈现出了一场跌宕多姿的盛宴。

一是公司经营发展突飞猛进。2003 年，我国财产保险公司保费收入 869.4 亿元，承保金额和责任限额共计 34.8 万亿元，支出赔款 476.32 亿元，总资产 1 165.38 亿元，资本金总计达 223.2 亿元；有 10 家中资公司，无外资公司或合资公司，仅有 10 家外国保险公司在华设立 12 家代表处或分公司，从业人员 143 417 人。2018 年，财产保险公司保费收入为 1.18 万亿元，承保金额 5 777.37万亿元，共支付赔款7 909.36亿元，财产保险公司总资产达 23 484.85 亿元，净资产 20 154.41 亿元，有 88 家保险公司，其中外资公司 22 家。

二是治理改革全面实施，建立起现代企业制度。2006 年，中华联合保险控股股份公司成立并设立了中华联合财产保险股份有限公司，标志着国有独资保险公司退出历史舞台。2003 年 11 月以来，中国人民财产保险股份有限公司、中国平安财产保险股份有限公司、中国太平洋保险股份有限公司陆续上市。经过治理改革，财产保险公司已在形式上全面建立起公司治理结构，初步形成权力机构、决策机构、监督机构和经营管理层之间的制衡机制。保险业行政监督管理机关也制定了一系列公司治理相关文件，形成了较为完善的监管体系。

20 世纪 90 年代后期，公司治理的研究进入了金融机构领域，作为金融系统的一部分，保险公司的治理也受到经济合作与发展组织（OECD）和 IAIS 等国际组织、各国政府和保险公司的广泛关注。1997 年，IAIS 在首次发布的保险监管核心原则中将保险公司治理列为重要内容，并于 2004 年发布了《保险公司治理的核心监督原则》，并于 2015 年、2017 年、2018 年、2019 年等多次进行修订。对于我国财产保险业的发展，公司治理的作用不言而喻。虽然我国财产保险业发展较快，但与世界财产保险业的发展相比，仍处于较低水平。尽管在中国银行保险监督管理委员会（以下简称“银保监会”）的主导下，我国财产保险公司治理改革已取得巨大成绩，但其仍需将公司治理作为研究重点，不断完善，才能进一步促进财产保险业的发展。

基于以下几方面的思考，本书选择财产保险公司治理研究为主题进行研究。

（一）公司间绩效差异较大

抽取 47 家财产保险公司 2011—2015 年的数据进行多项指标分析，如表 1-1所示，各公司间绩效存在较大差异。公司绩效的差异说明公司经营管理的差异，公司管理差异的根源在于公司治理。因此，我们有必要从公司治理角度对公司经营业绩的差异进行分析，寻找造成公司绩效低下的治理问题。

表 1-1　财产保险公司的多项指标数据分析

Variable	Obs	Mean	Std. Dev.	Min	Max
总资产利润总额率	235	0. 001	0. 066	−0. 32	0. 18
净资产利润总额率	235	0. 000	0. 242	−1. 38	0. 45
保险业务收入利润总额率	235	−0. 009	0. 139	−1. 14	0. 22
资本劳动力投入保险业务收入率	235	1. 550	0. 733	0. 14	4. 15
资本劳动力投入利润总额率	235	0. 002	0. 178	−0. 92	0. 38
资本劳动力投入资本溢额率	235	0. 476	0. 297	−0. 82	1. 48

（二）当前公司治理存在问题

银保监会自 2013 年起每年对包括财产保险公司在内的保险公司治理状况进行抽查。2015 年的检查发现公司治理还存在诸多问题，如：“三会一层”组织架构职责边界不清，部分公司章程、议事规则和决策程序不规范等。个别公司股权比较集中，制衡机制失效；董事会专业委员会虚设；决策、授权管理不规范。监督体系建设仍是保险公司治理的薄弱环节，独立董事不独立。个别公司的独立董事对公司经营管理的实际情况不了解，议案表决往往走过场；监事会监督约束作用发挥不明显，监事会开会少，监事会议题很少涉及公司经营管理的实质内容，表决从未提出异议。

这些问题是监管部门以监管文件为依据，从监管者角度发现的问题，而且银保监会的检查只是抽查，并非整个行业的全貌。这说明我国财产保险公司治理存在很多问题，因此，我们需要查找公司治理中存在的问题，深入剖析，寻求进一步改善的措施。

（三）财产保险公司治理有其特殊性，不能简单套用一般公司治理理论

财产保险公司在保险产品、核心技术、资产负债率以及接受的外部监管等多方面都有特殊性，这些特殊性必然对公司治理产生影响。因此，我们有必要深入分析财产保险公司这些特殊性所引起的公司治理的变化。

（四）已有研究的局限

一方面，虽然有学者提出财产保险公司采用基于对保单持有人保护的利益相关者的治理模式，但仅限于将其作为说明政府应实施行业监管的依据，并未从契约经济学角度深入剖析其理论根源，也未对如何有效地实现利益相关者治理进行分析，停留于对当前财产保险公司治理问题的表面分析。且政府以监管方式参与治理存在两个问题：以监管的方式实施外部治理存在滞后的缺陷和行政监管介入过多容易干扰公司的自主经营，因此，政府参与治理必须要寻求恰当的路径。另一方面，财产保险公司治理对绩效影响的实证研究存在样本、方法、指标选取上的局限。

二、研究意义

本书的研究，将从理论上分析财产保险公司的特殊性对公司治理的影响，构建财产保险公司治理体系；从实践上剖析我国财产保险公司治理存在的问题，并实证分析财产保险公司治理对绩效影响的因素；提出完善我国财产保险公司治理的建议，提高我国财产保险公司治理水平，促进财产保险业的健康发展。

第二节　理论基础

一、交易成本理论

科斯（Coase，1937）最早使用市场价格机制下交易成本的分析方法来研究企业存在的合理性及企业的性质。市场和企业是资源配置的两种可相互替代的手段，它们的不同在于：市场上的资源配置通过非人格化的价格机制来实现，企业内的资源配置则通过权威关系来完成。对企业和市场的选择依赖于对市场定价的成本和企业内官僚组织成本的权衡。企业在内化市场交易的同时产生了额外的治理成本与管理成本。当边际的市场交易成本和边际的官僚组织成本相等时，企业的治理边界达到平衡。所以，企业的交易成本限定了企业的规模和治理边界。

交易成本的发生，是由人性因素与交易环境因素交互影响下所产生的市场失灵现象造成的（Williamson，1975）。威廉姆森（Williamson）指出交易成本的六项来源：有限理性、投机主义、不确定性与复杂性、少数交易、信息不对称、气氛。而上述交易成本的发生原因源自交易本身的三项特征，这三项特征形成三个构面，影响交易成本（Williamson，1975）。

威廉姆森（Williamson，1975）认为企业如果采取节约交易成本的交易模式，则资产专用性及其机会主义是决定交易成本的主要因素。如果交易中包含关系专用性投资，则事前的充分竞争将被事后垄断或买方独家垄断替代，从而导致将专用性资产的准租金攫为己有的机会主义行为。机会主义行为的存在使得契约双方相关的专用性投资不能达到最优，使契约的签订与执行变得更加困难，造成即期市场交易成本提高。当关系专用性投资变得更为重要时，组织用即期市场去处理纵向关系的交易成本就会上升。因此纵向一体化可以用来替代即期市场，纵向一体化组织可以通过权威来监督机会主义行为。后来他开始考虑用长期契约来替代纵向一体化，因为即使在纵向一体化组织内部，交易成本也并非无足轻重。在这之后，格罗斯曼和哈特（Grossman and Hart，1986）、哈特和莫尔（Hart and Moore，1990）发展出了一个所有权结构模型，他们认为当明晰所有的特殊权利的成本过高而使得契约不完备时，所有权及其结构就有了特殊的重要意义。他们不再比较非一体化交易与一体化交易，而是比较一种一体化交易与另一种一体化交易。问题不仅仅是一体化是否应该出现，更重要的是谁将一体化谁。因为剩余权利被一方所购买，实际上构成了另一方的损失。所以一体化虽然能够改变机会主义者的动机和扭曲的行为，但并不能消除这些激励问题。最优的一体化应该是能够将控制权让渡给那些行为相对于其他参与方更为重要的主体。当关系专用性投资变得更为重要时，用即期市场去处理纵向关系的交易成本就会上升。因此纵向一体化可以用来替代即期市场，在纵向一体化组织内可以通过权威来监督机会主义行为。后来他们开始考虑用长期契约来替代纵向一体化，因为即使在纵向一体化组织内部，交易成本也并非无足轻重。

二、代理理论

杰森（Jensen）等人于 1976 年发表的《企业理论：管理行为、代理成本与所有权结构》构建了委托—代理理论分析公司治理问题的基本框架。作者将代理关系定义为一种契约，在这种契约下，一个人或更多的人（委托人）聘用另一人（代理人）代表他们来履行某些服务，包括把若干决策权委托给代理人。当股东与经理人员都是效用最大化者时，他们就有充分的理由相信，经理人员不会总以股东的最大利益为原则。为了解决这个问题，股东必须通过给予经理人员适当的激励，以及通过提高约束代理人越轨活动监督费用，使双方利益偏差有限。同时，在某些情形下，为确保经理人员不采取某种危及股东的行动，股东收取经理人员的一笔费用（保证金）以确保在发生此类情况时股东可以得到补偿。此外，Jensen 还对代理成本的概念进行了首次揭示：“在大多数代理关系中，委托人和代理人将分别承担正的监督费用和保证费用。另外，代理人的决策与使委托人福利最大化的决策之间会存在某些偏差，这种偏差是一种剩余损失，代理成本的总和定义为：①委托人的监督支出；②代理人的保证支付；③剩余损失。”据此，Jensen 认为在大部分的情形下，外部融资者与经理人员签订一份合约来规定双方的责任和义务，以及经理人员如何运用资金获得适当的回报。理想中的完美合约说明了在所有可能的情况下经理人员应付诸的行动，从而保证股东利益在任何情况下都能够得到保障。但是，未来是一种不确定状态，而且从技术上而言，完美的契约也是不可能达到的，因此剩余控制权的分配就越发重要，它表明了谁将在不确定条件下拥有对企业的发言权。在 Jensen 之后，研究企业所有权与控制权相分离问题的学者，基本上都继承和延续了 Jensen 的这种分析框架，对委托—代理契约的各种影响因素进行了深入分析。委托—代理问题以及代理成本的出现源于委托人与代理人之间的信息不完备和不对称，而这种不对称的信息导致双方无法签订完全契约，同时信息不对称迫使委托人向代理人支付租金（或进行转移支付），这些使得双方无法实现最优契约，最终选择次优契约均衡点（甚至是无效率契约均衡）。通过对代理理论分析框架的研究，我们可以清楚地发现，环境的不确定并非能够通过治理机制化解。因此，代理理论所要解决的问题在于，由于股东和经理人员都是具有独立利益和行为目标的“经济人”，而双方对彼此和未来的信息是不对称的，就必须通过一系列的内部控制和外部控制机制，利用信号传递、激励合同等手段，缓解二者之间信息不对称的程度，使得双方最终选择的契约均衡点不断向最优点靠近。

三、资源依赖理论

资源依赖理论萌芽于 20 世纪 40 年代，在 20 世纪 70 年代以后被广泛应用到对组织关系的研究中，其主要代表著作是杰弗里·普费弗（Jeffrey Pfeffer）与萨兰奇克（Gerald Salancik）1978 年出版的《组织的外部控制》。资源依赖理论提出了 4 个重要假设：①组织最重要的是关心生存；②为了生存，组织需要资源，而组织自己通常不能生产这些资源；③组织必须与它所依赖的环境中的因素互动，这些因素通常包含其他组织；④组织的生存建立在一种控制它与其他组织关系的能力基础之上。

资源依赖理论强调组织权力，认为组织的策略无不与组织试图获取资源、试图控制其他组织的权力行为有关。资源依赖理论也考虑组织内部因素。普费弗等也分析了组织内部的权力问题，认为能够提供资源的组织成员显然比其他成员更加重要。资源依赖理论有两个主要观点 ：一是组织间的资源依赖催生了其他组织对特定组织的外部控制，并影响了组织内部的权力安排；维持组织的运行需要多种不同的资源，而这些资源不可能都由组织自己提供。二是外部限制和内部的权力构造构成了组织行为的条件，并产生了组织为了摆脱外部依赖、维持组织自治度的行为。资源依赖理论认为，组织更应该被视为一种“联结”。组织是具备大量权力和能量的社会能动者，其中心问题是谁将控制这些能量以及实现什么目的。

第三节　文献回顾

一、国外保险公司治理研究文献回顾

（一）股东治理研究

国外关于保险公司股东治理的研究主要涉及两个方面。一方面是以股权结构为自变量，研究保险公司不同的股权结构对治理结果的影响。Smith 和

Stutzer（1990）指出保险公司股权结构的差异与公司所从事保险业务的风险状况相关。Mayers 和 Smith（1994）以股份制保险公司为研究对象，发现管理者的自由裁量权的大小对公司所有权结构有显著影响，监管和税收差别等其他因素对公司所有权并没有显著影响。He 和 Sommer（2010）采用美国财产保险公司的数据进行实证分析，发现代理成本与所有权和控制权的分离程度呈正比，外部董事的占比增加有利于对两权分离造成的代理成本的增加进行控制。Cole 等（2011）以财产保险公司为样本的实证分析发现，所有权结构与公司的风险承担相关联，所有权结构不同，承担的风险也不同。对于机构投资者在公司治理中的作用，Cheng 等（2011）研究发现，机构投资者作为第一大股东能够在一定程度上降低公司在投资和承保、理赔等方面的风险，这可能是由于机构投资者自身对风险的规避态度，且要降低公司的资本成本、满足其股东和政府监管机构对风险规避的要求。另一方面是以股权结构为因变量，研究影响保险公司股权结构形成的因素。Honyenuga 等（2014）采用定量分析检验加纳保险公司中高效股权结构同公司绩效之间的关系，结果显示持续改善和革新股权结构会对公司绩效产生积极影响。

（二）董事会治理研究

对保险公司董事会治理的研究主要围绕董事会结构、规模与独立性、董事长与 CEO 是否两职分离等问题展开。Diacon 和 O´Sullivan（1995）以英国保险公司为样本研究了董事会治理机制对绩效的影响，发现董事会下设薪酬专业委员会、审计专业委员会有利于控制管理层的薪酬，董事长如果具有较大的影响力，也能在抑制管理层薪酬上发挥作用；对管理层薪酬激励的制约，可以促进公司盈利能力的提高。Wang、Jeng 和 Peng（2007）运用台湾保险公司的数据研究了董事会规模、董事长与 CEO 是否两职分离、内外部董事的比例三个治理变量对绩效的影响，发现外部董事的设置与公司经营效率正相关，而董事会人数及董事长与 CEO 两职合一与公司经营效率负相关。Lai 和 Lin（2008）的研究表明，董事会人数与总体资产和股权的风险呈反比，但与公司的系统性风险呈正比。Brick 和 Chidambaran（2008）用股票收益的波动性为指标来表示公司的风险，研究表明董事会独立性越高，公司的风险就越低。Mayers 和 Smith（2010）认为董事会的独立性与按业绩支付薪酬的机制之间存在关联关系，外部董事设置越多，薪酬支付和资产回报率之间的正向关系越强。Lai 和 Lee（2011）证实了董事会人数与保险公司风险正相关，独立董事比例与公司的投资风险和总风险负相关。Xie 等（2016）研究发现当保险公司业绩表现好且外部董事所占比例大时，保险公司被收购的可能性较小；当公司业绩表现欠佳时，在收购发生以后，外部董事丧失原有席位的可能性较大。

国外关于董事会治理的研究内容与一般的公司治理研究基本相同，都是以董事会的专业委员会设置，董事会的规模、独立性，两职合一等方面为治理变量，研究其对公司绩效的影响。但从研究所选取的因变量看，将公司风险作为一个重要指标，这有别于一般的行业，对风险的重视体现了对投保人利益的保护。这表明保险公司治理目标包含保护保单持有人利益这一特殊性。

（三）高管治理研究

国外对保险公司高管治理研究的主要内容包括高管的薪酬水平、薪酬结构、高管薪酬的治理效果以及两职设置等。Mayers 和 Smith（1992）研究了人寿保险公司高管薪酬激励问题，发现股份制保险公司经理人的薪酬比相互制保险公司经理人的薪酬更高，而且公司分支机构负责人的整体薪酬水平也较高。Grace（2004）实证分析了 CEO 薪酬结构和薪酬水平的影响因素，发现公司规模大小和风险大小与 CEO 的薪酬激励水平呈正比。Barrese 等（2007）研究了高管薪酬对治理效果的影响，通过对保险公司股权结构、高管持股比率和托宾 Q 之间关系的考察，认为股权激励与托宾 Q 之间随着持股比例的变化而呈 U 形关系，没有支持激励相容和堑壕效应假设。Browne 等（2009）对管理者报酬与盈余操作进行了研究，发现基于对高管实施股权激励的公司，更容易出现准备金提取不足，更不容易出现准备金提取过量的现象。Eckles 和 Halek（2010）对保险公司赔款责任准备金的提取进行了研究，发现管理者为了获得更高的报酬，具有操纵赔款责任准备金提取来影响经营成果的动机。Eckles 等（2011）以准备金估计差错作为衡量管理者盈余操纵的变量，也发现管理层的薪酬激励会对其盈余操纵行为产生影响。

Boubakri 等（2008）研究证实，保险公司董事长和 CEO 两职合一会降低董事会对管理层的监督力度，增加委托代理冲突，加大公司的经营风险。Miller（2011）以管理者自由裁量权为研究对象，认为在同等条件下，如果代理成本能通过其他治理机制进行有效的控制，就可以经营那些需要更大高管自由裁量权的保险业务。Adanms 和 Jiang（2017）利用英国财产责任保险公司的数据研究四个方面的 CEO 特征对六大财务绩效指标的影响，认为 CEO 的权利和年龄因素和公司的绩效无关，但 CEO 的专业背景会对公司绩效产生重大影响。

（四）外部环境对治理影响的研究

公司外部治理主要关注控制权市场、经理人市场和产品市场。除这些机制外，由于保险公司的特殊性，保险监管、再保险以及保险代理也发挥着治理作用，成为研究的内容。

（1）来自外部行业监管部门的监督作用。保险业经营的外部性，使得保险公司的监督成为一个非常重要的外部治理机制。国际保险监督官协会（IAIS）建立了以市场行为、偿付能力和公司治理为三大支柱的保险监管体系。Skipper 和 Klein（2000）从促进市场竞争进而有利于促进资源配置和消费者选择与福利的视角，提出了清晰的保险业的监管原则。Grace 和 Klein（2008）提出了保险监管和改革的基本原理。Harrington（2009）分析了 2008 年金融危机中美国国际集团（AIG）的状态和美国保险监管机构的行为，对如何进行系统性风险监管做了探讨，提出了联邦保险监管的未来趋势。Kallamu 和 Saat（2015）检验在马来西亚公司治理准则颁布后外部监管对公司绩效产生的影响，表明审计委员会中的独立董成员数量与公司绩效之间存在正相关关系，验证了马来西亚公司治理准则的颁布对保险公司管理水平和盈利能力的提升会产生积极的影响。

（2）再保险和保险代理的监督作用。保险行业中存在着再保险集团和保险代理人，它们具有重要的监督功能。再保险集团不仅提供保险公司分散风险的机制，它与保险公司之间也形成代理关系，出于自身利益的追求和风险的规避，再保险集团会对保险公司进行监督（Doherty & Smetters，2005；Cole & McCullough，2006）。Regan（1997）认为，保险代理人也是一个第三方监督机制，投保人可以通过保险代理人提供的信息来比较不同保险公司的保险产品，可以更好地发挥产品市场竞争机制的作用。

二、国内保险公司治理研究文献回顾

（一）保险公司治理特殊性及公司治理机制

刘美玉（2005）指出，保险公司有诸多特殊性，不能简单地套用一般的公司治理理论。一是保险公司的经营目标有很强的社会功能，肩负着社会稳定器的职责，公司治理应加强风险防范。二是资本结构的特殊性决定了应体现对保单持有人利益的保护。三是外部管制的特殊性要求公司治理应协调好外部政府监管和市场竞争的关系。在此基础上，她提出应构建利益相关者共同参与的共同治理机制。王丹（2010）指出保险公司在经营上存在以下特殊性：保险产品无形、保险理赔成本滞后、风险集中、资本结构高杠杆、保险合同是合适条款、保险产品同质化等，因此保险公司的治理也具有特殊性。凌士显（2016）从保险业的特殊性出发分析了保险公司治理中潜在的风险，指出保险公司的消费者权益往往被侵蚀，债权人缺失而激发大股东和经营者的冒险行为，保险契约的附和性使保险公司与消费者冲突加剧，政府监管既有积极作用又弱化了市场治理的功能。夏喆和陈延（2016）采集保险公司和其他金融上市公司2012—2014年的数据进行对比分析，发现保险公司相比其他金融公司在治理上有许多特殊性，如经营目标的脆弱性和国有资本持股比例更高等，不能照搬一般金融公司的治理体系。凌士显（2017）指出保险公司治理的第一类代理问题有所弱化，第二类代理问题的冲突与合谋并存，第三类代理问题突出存在。

龙卫洋（2005）指出我国境外上市保险公司改制不彻底，存在国内超额控股、对投资者关系管理不够重视等诸多现实问题。其只有通过出售部分国内（有）股、发展壮大海外机构投资者、严格信息披露、加大投资者关系管理力度、构建科学有效的绩效评价机制、形成独特优良持久的公司治理文化等，才能真正实现彻底转制。陶斌智（2008）分析我国保险公司的治理结构存在股东不能发挥监督作用、董事会独立性不够，业绩考核与薪酬管理不规范、信息披露不健全等问题，提出了完善治理结构的对策。沈蕾（2009）构建了一个融保险公司特殊性和公司治理一般理论为一体的数理模型，分析保险公司内部人和外部人的行为策略以及保险公司内外信息不对称的严重性和经营的不确定性以揭示保险公司治理问题的本质，并探讨多种公司治理机制的作用机理在保险公司治理中表现出的特殊性。彭红（2010）对我国保险公司治理监管的法律问题进行了探讨，指出我国现行立法对保险公司治理的规定与保险公司治理的特殊性存在不适应的地方，股东的权利义务、股东大会制度、信息披露、董事会、监事会制度等诸多方面都存在问题。我国应借鉴吸收有关国际组织的成熟规范，结合保险公司治理的特殊性，健全保险公司治理结构的国内机制。唐金成和孙灵刚（2014）对我国上市保险公司治理中存在的问题进行剖析，指出当前存在治理理念不强、大股东治理效能不明显、独立董事运行效率不高、外部市场约束微弱等问题；借鉴国外保险公司治理经验，提出了相应的改进建议。姜洪（2016）指出我国保险公司治理应正确理解五对关系：保险控股公司与保险公司的关系、保险集团公司与子公司的关系、投保人与保险公司的关系、保险公司并购中的一致行动人与股权分散的关系。

（二）保险公司治理模式

王洪栋（2003）认为，保险公司债务比例高，债权人多是投保人，由于这些投保人很分散，掌握的信息缺失，而且有“搭便车”的动机。因此，债权人需要一个“代表”来代替他们对公司的管理实施干预。保险监管部门就是这个“代表”，其首要目的就是保护投保人的利益。但在保险公司治理模式中实际是“股东利益至上”，这与保险监管目的相冲突，因此，保险公司治理模式应实施“共同治理”。

尹可（2006）从四个方面提出了我国保险公司法人治理结构的发展趋势，一是从股权结构由绝对控股向相对控股转变；二是治理结构以股东大会为核心，董事会、监事会、总经理分工合作；三是职工参与公司治理；四是精算师制度不仅是技术需要，也是重要的治理机制。

阎建军（2006）指出，我国保险公司治理的基本特征是“股东单边治理”，而股东单边治理的根本缺陷在于无法对经理层进行有效的内部制衡和市场制衡，也不存在有效的激励机制。美国在解决股东单边治理缺陷上采取了加强法律制度、政府监管以及市场竞争等外部制衡机制。我国保险公司治理发展只能采用利益相关者的内部治理主导模式。

刘建国（2006）分析了我国保险业公司治理取得的成绩和主要存在的问题。通过对国际保险公司治理模式的比较与借鉴，他提出了我国保险公司的混合治理模式。混合治理模式包括三个层面：第一层是以实现股东利益最大化为基础目标的内部治理结构，第二层是以保险公司利益相关者团体为基础的外层共同治理结构，第三层是以相机治理机制为治理优化的保护层。

谢金玉（2007）对内部治理模式、外部治理模式以及家族治理模式三种典型的治理模式进行了对比分析，结合我国保险业实际，分别提出我国近期及长远的治理模式，我国近期比较合理的保险公司治理模式应该是以内部治理为主、外部治理辅的治理模式。从长远看，比较合理的方式应该是内部与外部并重的公司治理模式。

（三）保险公司治理的国际比较以及经验借鉴

我国的保险公司治理取得了很大成就，但与国际保险同业的治理水平相比，整个保险业的公司治理水平尚处于初级阶段。因此开展保险公司治理的国际比较，借鉴别国保险公司治理的经验成为研究的热点。该主题研究的一般模式是比较分析我国与典型国家的保险公司治理模式，总结保险公司治理的基本国际经验，并结合我国保险公司治理的现状提出政策建议。

曹廷求（2005）对英国英杰华集团、法国安盛集团、美国丘博集团以及日本三井住友海上火灾保险公司的治理结构、治理机制进行了详细的介绍和对比分析，提出了针对我国保险公司治理的启示：一是保险公司治理结构的设计应与所在国的公司治理模式相适应，二是保险公司治理结构有明显的国际趋同化。

孙娜和晏勇健（2005）比较分析了美国、德国、日本的公司治理结构和治理机制，提出我国保险公司治理模式应适合我国国情，应在政府规制与市场竞争之间寻求平衡，还应在国有保险公司创新产权配置以及创新独立董事制度上寻求平衡。

孟彦君（2007）对国际保险监督官协会制定的《保险公司治理结构核心原则》和经济合作与发展组织制定的《保险公司治理结构指引》以及香港关于保险公司治理的规定进行了介绍和分析，对美国国际集团、法国安盛集团、瑞士再保险公司的治理情况进行了对比分析，认为我国保险公司治理应更加重视制度规范，更重投保人、被保险人等利益相关者的参与，更重信息披露和外部监管的引入。

魏思博（2010）从保险公司治理的特殊性入手，分析了美国保险公司在信息披露、独立董事制度和市场控制型治理模式方面值得我国借鉴的思路，最后针对存在的问题和国外的经验提出了六点对策。

（四）保险公司治理对绩效影响的研究

保险公司治理对公司绩效的影响是重要的研究内容。姚树洁、冯根福、韩钟伟（2005）以22家保险公司1999—2002年的数据为样本数据，以公司规模、企业所有制、人力资本和营销方式为解释变量，以资本、员工、赔款为投入，保费和投资收入为产出计算的DEA效率为被解释变量进行实证研究，得出以下结论：大公司比小公司效率高，雇员的良好教育对公司绩效有重要的影响，直销方式因为可节约保险代理费用而比间接销售方式更有效率，研究没有发现非国有企业效率比国有企业效率高。这是国内最早涉及保险公司治理与绩效关系实证分析的文献。

杨馥（2009）以四家上市保险公司2003—2007年数据为样本，实证分析得出以下结论：公司规模、保险公司治理监管以及大股东持股比例对治理指数均有显著正向影响，托宾Q对治理指数有显著负影响，净保费增长率对治理指数的影响不明显。

王清川（2011）以人保财险、中国人寿、平安、太平洋集团4家国内上市公司和29家国外上市保险公司2003—2009年3月的数据为样本实证分析了独立董事与绩效的关系。他以净资产收益率为绩效变量，分析得出以下结论：独立董事专业领域覆盖范围与绩效正相关，独立董事报酬与绩效呈二次曲线关系，独立董事参会次数与绩效呈二次曲线关系，独立董事比例和规模都与绩效呈二次曲线关系，独立董事年龄与绩效之间呈二次曲线关系，且独立董事年龄在58~62岁为黄金年龄，来自相关行业的专家或有高管经历的独立董事对绩效有显著正向影响，而来自政府官员的独立董事对绩效无显著影响，独立董事的任职年数与绩效呈二次曲线关系，独立董事在其他公司兼职对绩效有负影响。

罗胜（2012）以82家保险公司2010年上报保险监管部门的公司治理自查报告为治理数据来源，以偿付能力溢额、每股收益、净利润，净资产收益率、偿付能力充足率为绩效变量，设置主营业务收入对数、资产负债率、产寿险行业、是否政府控股、地区差异为控制变量，实证分析得出以下结论：控股权性质对绩效有显著影响，董事会规模与盈利能力显著负相关，监事会规模对公司盈利能力影响较弱，治理评价指标与公司盈利能力指标和偿还能力指标的关系均不显著，信息披露制度指标、报告义务指标、规范义务指标与公司业绩的影响不显著，薪酬指标和公司长期利益无显著关系，短期激励有显著的消极作用。

陈彬、邓霆（2013）以24家中资财产保险公司2009年的数据为样本，以总资产收益率为绩效变量，以公司规模、财务杠杆、偿付能力充足率、赔付率为控制变量，采用多元回归分析得出以下结论：国有股东对绩效有显著正影响，外资股比例与绩效显著负相关，股权集中度对绩效没有显著影响，董事会人数与绩效显著负相关，女性董事对绩效有显著正影响，董事长与总经理的二元化与企业绩效呈现显著的正相关。

骆晓亚（2013）以34家金融保险类上市公司2009年的数据为治理数据，以股权结构、董事会、经理层、信息披露指标建立综合的治理指数为治理变量，以总资产对数、资产负债率为控制变量，以2010年、2011年的托宾Q、ROA、ROE以及每股收益为绩效变量，回归分析得出以下结论：基期的公司治理水平对其滞后一期和滞后两期的绩效指标都有正向影响，每股收益作为绩效衡量指标的可靠性程度低，ROE与公司治理指数的相关性较高。

於乐（2014）以中国人寿、平安及太平洋保险三家上市公司2008—2012年5年间的年度和半年度数据为样本数据，以每股收益为绩效变量，并以总资产的对数为控制变量，实证分析后认为：前十大股东持股越高，每股收益越低；境外投资者持股比例与每股收益没有显著的相关性；股权制衡度越高，每股收益越高；国有股持股比例与每股收益虽然呈现正相关态势，但并不显著；高管持股的公司绩效高于高管不持股的公司。

江津、王凯（2015）以2007—2013年保险行业上市公司的季报和年报数据为样本数据，以ROA、ROE为绩效变量，以总资产对数、负债率、年度虚拟变量为控制变量，得出如下结论：国有股比例、董事会专业委员会数量与公司绩效呈正向相关，但高管持股比例与公司绩效呈负向相关，董事会人数、独立董事人数以及外资持股比例与公司绩效无显著相关关系。

郝臣、钱璟（2018）以2015年127家保险公司（含财产保险公司）数据为样本，以偿付能力充足率为被解释变量，以董事会治理因素为解释变量，以险种类型、组织形式和存续时间为控制变量，实证检验了保险公司董事会治理对偿付能力的影响以及公司绩效的中介作用。

付金薇（2019）以2017年我国74家人身险公司和75家财产险公司的信息披露指数为样本数据实证分析并证明我国保险公司信息披露水平、自愿性信息披露水平和偿付能力溢额之间存在正相关关系。

（五）保险公司治理监管研究

由于保险公司治理成为保险业监管的重要支柱，因此，对保险公司治理监管的研究也成为一个热点。申院荣（2007）指出，公司管理层的内部控制会威胁到社会公众的利益，政府必须加强外部监管，通过法律和行政管理手段有效地维护公众利益。林小华和裴斐（2007）、沈蕾（2009）、杨馥（2009）、彭虹和汤丽（2010）等根据国际保险监督官协会公司治理原则，结合我国实际对我国保险公司治理监管制度的设计进行了尝试。保监会主席助理袁力（2010）指出我国保险公司治理监管制度体系初步形成，治理能力和治理水平明显提高，下一步将重点通过考核、问责和信息披露等措施使治理监管落实到位，推动公司治理逐步实现从“形似”向“神似”的转变。贲奔和臧明仪（2014）提出应强化保险公司治理监管的硬约束，利用好制度建设、公司自查和现场检查三个手段。

三、已有研究文献简析

国外关于保险公司治理的研究始于1972年，目前已有40多年的历史，国内关于保险公司治理的研究起步较晚，自1997年开始涉足保险公司治理研究，但在1998—2000年并未有更多的研究，2001年开始才逐步增多，从总体上看，研究数量仍然不足。

国外将相互制保险公司治理和股份制保险公司治理之间的对比作为分析的一大重点，但国内对相互制保险公司的研究尚处于起步阶段。国内的研究主要在于三方面：一是在一般公司治理理论的基础上，分析股份制保险公司特殊性的影响，提出利益相关者理论更适用于保险公司治理；二是分析我国保险公司治理中存在的问题，并提出解决办法；三是实证分析股份制保险公司治理变量对绩效的影响。

多数研究人员以整个保险行业为对象，很少有文献直接针对财产保险行业。在财产保险公司治理对绩效影响的实证研究方面有以下特点：一是涉及财产保险的上市公司仅5家，且2010年前各非上市保险公司网站并未对治理状况进行披露，很难获取充足的研究数据，样本的采集难度较大。从已有文献看，样本数量基本在25家公司以下，有的甚至只涉及上市公司，样本取数年份多数为一年，导致样本数据总体较少。二是绩效衡量指标基本采用托宾Q、净资产收益率或总资产收益率。净资产收益率和总资产收益率只能反应股东投资收益和管理者经营业绩，不能反映整体层面的公司绩效。托宾Q虽能反映公司绩效，但非上市公司无法取得。三是治理变量的选取上较为局限，没有涉及董事、监事和高管的特征及监事结构等变量。

通过对财产保险公司治理研究的回顾发现：我国学者已经提出了我国财产保险公司的利益相关者治理模式，而且也对财产保险公司治理中存在的问题进行了初步有益的探索。但是，这类研究基本上仅限于对保单持有人利益保护的初步分析，并以此来解释政府对财产保险公司实行行业监管的合理性，并未从理论上对我国财产保险公司的治理模式、治理主体以及治理机制进行深入透彻、系统的分析。同时，政府以监管方式参与治理存在两个问题：即以监管的方式实施外部治理存在滞后的缺陷，行政监管介入过多容易导致干预公司的自主经营。因此，政府参与治理必须要寻求恰当的路径。

第四节　结构安排与研究方法

一、结构安排

第一章，导论。阐释选题背景与意义、研究的理论基础，回顾国内外研究文献以及研究内容与研究方法。

第二章，我国财产保险公司治理的发展演进及国际借鉴。回顾我国财产保险公司治理自新中国成立以来的发展历程。然后介绍美国、德国、日本三国的财产保险公司治理的实践及国际财产保险公司治理原则，为分析我国财产保险公司治理提供借鉴。

第三章，我国财产保险公司的治理模式。首先分析财产保险公司的特殊性和所处的外部人文环境。然后以契约经济学为理论基础，以资产专用性为分析工具，分析利益相关者所面临的风险，提出财产保险公司应该是多元共同治理，并分析了多元治理主体的利益要求及实现治理的方式和途径。最后分析了我国财产保险公司所处的股权资本市场及社会环境，以及政府对财产保险行业的严格管制，指出我国财产保险公司的外部治理机制处于弱化的状态，且不可能短期内得到改善，因此，其应该采用以内部为主、外部为辅的治理模式。

第四章，我国财产保险公司治理机制。首先，对财产保险公司治理主体的资产专用性和合同完备性进行分析，剖析各主体承担的交易风险，确定内部治理的主体及其权利配置。其次，分析治理主体实施治理的路径，尤其是政府作为治理主体以独立董事和独立监事为实施治理的路径。再次，分析了作为决策制衡和决策管控机制的董事会以及作为监督的协作和实施机制的监事会，以及财产保险公司经营特性影响下的激励约束机制和信息披露机制。最后，分析外部公共治理机制和市场治理机制。

第五章，我国财产保险公司治理对绩效影响的实证分析。首先，建立绩效评价体系，并选取我国47家财产保险公司为样本公司进行绩效评价分析。其次，以同样的样本公司2011—2015年的内部公司治理面板数据为样本数据，采用个体和时期双向固定效应或双向随机效应模型进行线性和非线性回归分析，分析财产保险公司治理变量对绩效的影响。最后，以中华联合财产保险股份有限公司（简称“中华联合”）为典型案例对其公司治理对绩效造成的影响进行剖析，为后文公司治理改善建议的提出提供依据。

第六章，我国财产保险公司治理改善建议。针对我国财产保险公司的现状分析及实证分析中所发现的问题，提出改善建议。

最后是结论，对全书研究的结论进行梳理、总结。

二、研究方法

（一）规范研究法

本书以交易成本理论和代理理论为基础，结合我国财产保险公司所处的独特环境，针对财产保险公司的特殊性，分析了财产保险公司治理的模式和治理机制。

（二）计量分析法

本书以财产保险公司2011—2015年的数据实证分析计算公司绩效，并对治理变量与绩效的关系进行面板回归分析，揭示治理变量对绩效的影响因素；在回归分析方法上，充分考虑个体非观测效应和时间非观测效应，采用双效应固定效应模型或双效应随机效应模型；为规避时间序列自相关带来的异方差问题，采用聚类稳健标准误代替普通标准误；在固定效应模型和随机效应模型的选择中，采用过度识别检验进行判定，规避了传统豪斯曼检验存在的缺陷。

（三）案例分析法

本书以中华联合为典型案例，剖析其公司治理中的问题，实证分析公司治理对绩效的影响。

第二章　我国财产保险公司治理的发展演进与国际借鉴

第一节　我国财产保险公司治理的发展演进

一、公司治理的演进历程

（一）政府行政治理阶段（1949—1959 年）

1949 年 9 月，中国人民银行组织召开第一次全国保险工作会议。1949 年 10 月，中国人民保险公司成立，公司的成立标志着我国保险事业进入新的历史时期。中国人民保险公司成立之初，不仅是经营各种保险业务的经济实体，也是一个兼有领导和监督全国保险业职能的行政机构。中国人民保险公司一方面开展各类保险业务，另一方面推进了全国保险业的社会主义改造。1951 年，由公司出一半以上资金，与上海和天津的 28 家私营保险公司整合，成立了太平和新丰两家保险公司。1956 年，太平和新丰两家保险公司又通过合并而实现全行业公私合营。其间，中国人民保险公司于 1952 年由中国人民银行划归财政部管理。1958 年，实行人民公社化后，财政部决定停办国内保险业务。1959 年，财政部撤销了保险公司建制，将保险职能划归中国人民银行。在 1949—1959 年这个阶段，保险公司的治理是政府的行政治理，保险公司类似政府的职能部门，完全以行政命令、计划指标来开展保险业务。

（二）财产保险企业市场主体地位建立阶段（1978—1992 年）

1978 年十一届三中全会后，我国进入以经济建设为中心的社会主义建设新时期。商品观念觉醒，市场主体意识逐渐增强，保险公司与政府间的关系发生变化。经国务院批准，1979 年中国人民银行发布恢复国内保险业务和加强保险机构的通知。从 1980 年开始，国内保险业务逐步恢复，各地开始了保险机构的组建。1981 年，中国人民保险公司恢复建制，实行独立核算。1982 年，中国人民保险公司成立了董事会和监事会。但在 1984 年以前，中国人民保险公司在管理体制上基本延续了 20 世纪 50 年代的模式，既是办理保险业务的实体，又是中国人民银行的职能部门，各地分支机构也是当地人民银行的部门。1984 年，中国人民保险公司从中国人民银行独立出来，成为副部级单位。

1982 年，香港民安保险有限公司在深圳设立分公司，打破了中国人民保险公司独家经营保险业务的局面。1985 年，国务院颁布《保险企业管理暂行条例》，据条例规定，1986 年经中国人民银行批准成立了由财政部和农业部共同出资成立的新疆生产建设兵团农牧业生产保险公司。1988 年国家颁发了《中华人民共和国全民所有制工业企业法》，确定了全民所有制企业的法人地位，从法律上明确了全民所有制企业的地位。1988 年深圳蛇口招商局等单位出资创办第一家股份制保险公司——平安保险公司。1991 年成立了第一家全国性、综合性股份制保险公司——中国太平洋保险公司。

1992 年，邓小平南方谈话后，我国改革开放出现新局面，保险业也开始对外开放。1992 年 9 月，美国友邦保险公司和美亚保险公司在上海开设分公司，1994 年日本东京海上火灾保险公司也在上海开设分公司。

在此阶段，随着党中央确立的“一个中心、两个基本点”方针，经济体制由计划经济向市场经济的转变，企业的市场主体地位才逐步确立，保险公司作为市场主体才得以明确，保险公司的组织形式也逐步确定。

（三）现代企业治理结构建立阶段（1993—1998 年）

1993 年，十四届三中全会《中共中央关于建立社会主义市场经济体制若干问题的决定》指出国有企业的改革方向是建立产权明晰、责权明确、政企分开、管理科学的现代企业制度。同年，《中华人民共和国公司法》（以下简称《公司法》），从法律上对有限责任公司和股份有限公司的设立和运作做出了明确规定，明确了设立股东会、董事会、监事会的治理结构，并对治理机构的权责进行了规定。1995 年颁布了第一部《中华人民共和国保险法》（以下简称《保险法》），规定保险公司应当采取有限责任公司或股份有限公司的组织形式，明确保险公司应按照公司法的规定设立和运作。《保险法》同时以法律形式明确了产险、寿险分业经营的原则，使财产保险业成为一个独立的行业。为加强对保险业的监管，1998 年我国成立了中国保监会，着手探索建立符合现代保险业发展的监管体系。

在政策、法律法规做出规定的同时，公司治理也在不断实践。天安保险股份有限公司和大众保险有限公司分别于 1994 年和 1995 年在上海成立。1996

年，中国人民保险公司进行了公司制改革，并按照分业经营的原则改制为从事财产保险业务的中国人民保险公司、从事寿险业务的中国人寿保险公司和从事再保险业务的中国再保险公司。同年，我国又成立了华泰财产保险股份有限公司、永安保险股份有限公司、华安保险股份有限公司，瑞士丰泰保险集团也于1997年在上海设立分公司。

在这个阶段，市场经济体制逐步建立，财产保险公司的自主经营主体地位增强，但随着所有权与经营权的分离，内部人控制问题逐渐显露，公司治理问题引起关注。伴随着《公司法》和《保险法》的出台，财产保险公司都设立了“新三会”的法人治理结构，公司投资主体迈出多元化的步伐，出现了国家股、法人股、外资股、私人股的混合产权结构，初步设立了股东会、董事会、监事会的治理结构。但是，财产保险公司表象上是市场经济中的自主经营主体，实质上产权并不明晰，责权也不明确，“新三会”的治理结构更多还是处于形式上，并没有真正有效地运作，公司治理实质上仍是以政府的外部行政治理为主。

（四）股改与上市阶段（1999—2006年）

1999年十五届四中全会发布《中共中央关于国有企业改革和发展若干重大问题的决定》（以下简称《决定》），我国的公司治理实践进入了深化阶段。《决定》指出，公司制是现代企业的有效组织形式，法人治理结构是公司制的核心，第一次在正式文件中提出法人治理结构的概念。随后，保监会也加紧了保险业改革的步伐。保监会于2000年6月提出股份制改革的构想，在2002年全国金融工作会议上提出了“加快国有独资保险公司股份制改革步伐，完善法人治理结构，切实转换经营机制，引进国外先进技术和管理经验，增强经营活力和竞争能力”，国有保险公司进入股权改革实质性阶段。2003年7月，中国人民财产保险股份有限公司成立并于11月在香港挂牌交易，截至2006年，中华联合财产保险股份有限公司设立后，完成了所有国有财产保险公司的股份制改革。2001年年底，我国加入世界贸易组织，外资保险进入我国，成立了外商独资财产保险公司。

（五）公司治理全面展开阶段（2007年至今）

2006年，保监会制定《关于规范保险公司治理结构的指导意见（试行）》（以下简称《指导意见》），这是第一个系统性的保险公司治理指引性文件。《指导意见》规范股东会、董事会、监事会和经营管理者的权责，形成权力机构、决策机构、监督机构和经营管理者之间的制衡机制，强化法人机构管控责任，完善落实保险经营责任追究制。在《指导意见》的指导下，银保监会出台了一系列监管制度，逐步建立以偿付能力监管、治理监管、市场行为监管为三大核心支柱的监管体系。这标志着财产保险公司治理模式的地位已全面确立。2006年，出台了《国务院关于保险业改革发展的若干意见》，对现代企业制度的建立、公司治理的完善提出了要求。

二、公司治理演进中的特点

（一）财产保险企业从“他组织”向“自组织”的转变

我国经济体制经过了计划经济体制、计划经济与市场经济并行体制到市场经济体制的转变，财产保险企业也由计划经济体制下按政府指令经营的“他组织”逐步转变为市场经济中自主经营、自负盈亏的“自组织”市场主体。公司治理由绝对的政府行政手段治理转变为市场的经济手段治理，从单一的政府外部行政治理转变为以公司内部治理为主，接受外部影响的治理体系，政府不再直接干预公司的经营。郝臣（2015）称我国公司治理改革的总体路径和方向是“从以经营目标行政化、资源配置行政化和经营者任免行政化为典型特征的行政型治理向经济型治理的转型”①。

（二）政府主导的“强制性”制度变迁

“诱致性制度变迁是一群（个）人在响应由制度不均衡引致的获利机会时所进行的自发性变迁，它是由原先的制度安排下无法获得的获利机会而引起的，而强制性制度变迁则是指由政府命令和法律引起的变迁”②。在国外市场经济体制下，各经营主体自发地形成不同的公司治理模式，然后再由国家法律法规进行规范。我国的公司治理制度则是由党中央的政策及国家的法律法规进行强制要求而建立。

（三）滞后于其他行业的治理改革

由于金融业事关国家经济命脉，为确保改革的稳健、降低风险，财产保险公司治理的制度变迁也滞后于其他行业。财产保险公司治理制度的建立和完善既有我国对促进行业发展的主动性要求，又有加入世贸组织后迎来外资冲击压力下的被动选择。在治理改革过程中，我国充分借鉴了其他行业的经验及国外公司治理的经验。

（四）治理模式和治理机制基本借鉴于其他行业

财产保险公司治理基本上借鉴其他行业的治理模式和机制，按照《保险

---

① 郝臣. 中国保险公司治理研究［M］. 北京：清华大学出版社，2015：34.

② 林毅夫. 关于制度变迁的经济学理论：诱致性变迁与强制性变迁［M］. 上海：上海三联书店，1994.

法》在公司的注册资本、股东资格方面做了特别规定，其余关于公司治理方面需要遵照《公司法》的相关规定。银保监会的很多规定也是按照其他行业的模式和机制方面的规定进行细化。总体来说，治理模式和治理机制仍是以遵循股东至上的内部治理。

第二节　国外财产保险公司治理实践

他山之石，可以攻玉。国外财产保险公司治理的实践及国际最新公司治理原则可以为我国财产保险公司治理提供可供借鉴的经验。

一、美国财产保险公司治理实践

（一）美国丘博财产保险公司治理模式

丘博（Chubb）财产保险公司的历史可追溯到1882年，公司最初专注于船舶与货物保险。1967年，丘博保险集团公司成立，1984年在纽约股票交易市场上市，主要经营商业和个人财产和意外保险，补充医疗保险及再保险业务；截至2019年年底，在54个国家运营，全球有员工33 000多名，拥有超过1 730亿美元的资产；2019年毛保费收入400亿美元。标准普尔（Standard & Poor's）将丘博的核心运营保险公司的财务实力评级维持在AA。

1. 股权结构

丘博财产保险公司股权较为分散，2018年和2019年持股比例超5%的股东情况如图2-1所示。

	2019		2018	
Name of Beneficial Owner	Number of Shares Beneficially Owned	Percent of Class	Number of Shares Beneficially Owned	Percent of Class
Vanguard Group, Inc.	37 653 064	8.30%	38 234 960	8.29%
BlackRock, Inc.	32 602 335	7.20%	31 252 910	6.80%
Wellington Management Group, LLP	27 825 114	6.14%	31 405 197	6.82%
T. Rowe Price Associates, Inc.	23 375 803	5.10%	*	*

* Represented less than five percent

图2-1　丘博公司2018年、2019年持股比例超5%的情况

2. 治理架构

丘博财产保险公司治理结构设股东大会、董事会和管理层。股东大会是公

司的最高权力机构。其有以下权力：通过和修改公司章程；选举和调整、解聘董事会成员；批准法定管理报告、年度账目和合并财务报表；通过利润分配决议。股东大会年会于每个经营年度结束后6个月内召开。股东特别大会根据股东大会、审计机构或董事会或拥有表决权10%股本的股东的要求召开。股东大会通知应在会议召开前至少20天在“Schweizerisches Handelsamtsblatt”上公布。股东大会对涉及合并、分立，增加资本金等重大问题的决议必须有至少三分之二的代表股份和绝对多数的面值股份通过。

公司章程规定董事会由3~20名成员组成，其中至少3/4的成员为独立董事。2019年共有14名董事。董事由股东大会选举，可连选连任，董事会拥有公司的决策权和决定管理层的权力。董事会有以下职责：履行决策和监督职责；决定组织结构；组织会计，财务管理以及财务规划；聘用和解聘高级管理人员；向股东大会报告及落实股东大会决议；通过资本补充、股本增加，修改章程的决议；对审计人员的资格、能力审查；根据公司章程，董事会应当设立审计委员会、薪酬委员会、提名与治理委员会、风险与财务委员会，也可根据需要设立其他委员会；2019年公司还设置有执行委员会。审计委员会协助董事会对公司财务报表和财务报告流程的完整性进行监督，监督公司遵守法律法规、内部控制制度的情况，以及公司内部审计师和独立审计师的履职情况。审计委员会至少由3人组成，2019年公司审计委员会成员有5人，成员必须是独立董事，具有财务、会计等相关专业知识和经验。薪酬委员会由3名以上独立董事组成，2019年有4名成员，成员由股东大会从董事会成员中选举，负责制定管理层薪酬政策。提名与治理委员会由3名以上独立董事组成，负责确定有资格的董事会成员名单，向股东大会提名董事候选人，并制定公司治理规则。风险与财务委员会协助董事会监督公司的风险管理、资本结构、融资安排和投资行为，2019年有4名成员。执行委员会在董事会会议休会期间协助董事会对公司业务和事务进行管理，执行委员会由董事长、首席执行官等执行董事组成，董事长担任执行委员会主任，2019年执行委员会有6名成员。

管理层负责公司日常的经营管理工作，执行公司战略决策，定期向董事会报告，接受董事会监督。董事长和首席执行官既可分开，也可两职合一。当董事会主席兼任首席执行官或不具备独立性时，董事会每年选出一位独立董事担任领导董事，以此来保证董事会的独立性和高效运行。

（二）美国财产保险公司治理模式特点

从丘博财产保险公司的治理模式可以看出，美国财产保险公司治理有以下特点：

（1）监督和决策职能实行单层治理结构。监督职能和决策职能都由董事会履行，在董事会内部设置独立董事来提高监督的有效性。

（2）以外部治理为主。公司股权极为分散，2019 年持股比例最高的股东仅持股 8.3%。股东“手投票”参与公司治理的积极性不高，更多是借助于股票市场进行“脚投票”。

（3）独立董事占比较大。由于董事会既有监督职能又有决策职能，而且董事长还可兼任 CEO，在这种情况下，董事长集监督、决策、执行于一身，内部人控制风险极大，因此，公司章程规定至少 3/4 的董事为独立董事，丘博财产保险公司还设置了由独立董事担任的领导董事一职，以此提高董事会监督职能的发挥。

（三）美国财产保险公司治理模式的优缺点

美国财产保险公司的治理模式也称为外部控制主导型治理模式。公司治理结构主要由股东大会、董事会和管理层构成，没有监事会制度。其公司治理侧重于外部治理，投资者持股比较分散，实行严格的独立审计制度。

美国财产保险公司治理模式有如下优点：一是股票的流动性强，便于机构投资者和个人投资者买卖股票，降低投资风险，使投资者的利益得到保证，同时促进资本市场的稳定发展。二是分散的股权有利于公司间的收购兼并，有利于发挥外部治理的作用，提高公司的核心竞争力。三是有效的约束与激励机制有利于公司市场价值的提升。市场机制和股权激励对管理层同时发挥作用，促使经理人不断追求公司短期较高的利润。

美国财产保险公司治理模式的缺点：一是高度分散的股权结构易形成经营者的短期行为。当股东以股息及红利及股本价格高低来判断公司经营业绩标准时，经营者在股东追求短期利润的压力下，可能将注意力集中在短期业绩上，对短期目标的注重会损害公司的长远利益和发展。二是不利于发挥人力资本的作用。由于股东通常被看作是唯一的所有者，对提供劳动力的公司员工考虑不足。普通雇员不能和股东分享剩余收益，不能共同参与公司治理，不利于员工积极性和创造性的发挥。三是股权的高度流动性影响公司资本结构的稳定性。四是恶意收购可能会影响公司经营活动。接管与收购可以提升公司绩效，但如果收购者将收购作为掠夺财产的行为，进行套利，则会影响公司正常的经营活动。

二、德国财产保险公司治理实践

（一）纽伦堡保险有限公司的治理模式

纽伦堡保险有限公司起源于 1884 年，是一家以保险为主业的投资控股公司。纽伦堡保险有限公司是纽伦堡保险控股公司的全资子公司，主要从事财产险、责任险、运输保险等财产保险业务，2015 年年底总资产 9.72 亿欧元，股本 4 032 万欧元，2015 年保费收入 6.17 亿欧元。纽伦堡保险有限公司的前 4 大股东持股总和达 69.5%，其中有三名股东均为保险公司。具体如表 2-1 所示。

表 2-1　纽伦堡保险控股公司前 4 大股东持股情况

Aktionär	Aktien aktuell in %
Consortia Versicherung Beteiligungsgesellschaft	25.00
SEBA Beteiligungs mbH	16.00
Versicherungskammer Bayern	15.50
Daido Life Insurance Company	13.50

公司设股东大会、员工委员会，股东大会有权任命股东监事、利润分配、奖惩监事会和管理委员会成员、增减股本、改变公司法律地位、任命会计、审计人员等，投票权决定于股票的名义资本额。员工委员会有权选举雇员监事，监督公司已制定的维护职工利益的法规和协议的执行情况，享有对企业经营状况的知情权和质询权等事关员工利益、企业建议制度等方面有共同决定权。公司设监事会，由股东代表和员工代表组成。监事会确定管理委员会人员，对管理委员会进行监督，参与重大事项的决策，聘任会计师事务所进行审计。2015 年公司监事会有 12 名成员，其中 6 名职工代表，6 名股东代表。监事会下设 4 个专业委员会，人事委员会负责管理委员会成员的提名、考核及薪酬，由 4 名监事组成。投资委员会有 4 名监事成员，制定管理委员会涉及投资的议事规则，参与重大投资决策。提名委员会由 3 名监事组成，负责在股东周年大会上提议公司监事会选举合适人选。调解委员会由 4 名监事组成，调解委员会主要负责在聘任和解聘管理委员会成员达不到三分之二时，在协商后为法定一个月内必须召开的下一次会议提供建议。（监事会未设审计委员会，因为母公司全资控股，母公司监事会设置审计委员会，表明审计监督职能放到了母公司）

公司设管理委员会，负责公司的日常经营管理，管理委员会定期向监事会汇报公司经营发展情况，2015 年公司管理委员会共 6 名成员。

（二）德国财产保险公司治理的特点

我们从纽伦堡保险有限公司治理模式可看出德国财产保险公司治理的特点。

（1）以内部治理为主。德国保险公司股权较为集中。纽伦堡保险有限公司由纽伦堡保险控股公司全资控股，而纽伦堡保险控股公司的前四大股东持股比例总和达69.5%，第一大股东持股达25%，且有三大股东均为保险机构。实际上，法人相互持股是德国保险公司的基本特征，它们通过相互持股，使公司间形成相互依存、相互制约的利益共同体。在德国公司的股权结构中，银行、保险公司等金融机构持股占比较高，德国保险公司之间、保险公司及与银行等非保险金融机构间相互持股非常普遍。

（2）监督权与决策权分离。德国保险公司分设监事会和管理委员会，又称为双层委员会体制。监事会的主要任务是管理委员会成员的任命与解聘及监督，一般不介入公司的经营活动，仅参与重大决策的审批。管理委员会有决策经营权，有权管理公司。与美国保险公司董事会和经理层可兼任不同，德国保险公司的监事会和管理委员会绝对分开，相互不交叉、不兼任。

（3）共同治理。美国保险公司的董事会成员一般不包括职工代表，德国保险公司监事会成员由股东代表和职工代表及其他代表共同组成。纽伦堡保险有限公司的监事会中有6名股东代表，6名职工代表，股东代表由监事会提名委员会提名，股东大会确定。根据德国的共同决定制度，雇员人数超过500人的，职工监事不低于三分之一，雇员人数超过2 000人的，职工监事占比达二分之一。职工监事由选举人委员会选举产生。

（三）德国财产保险公司治理模式的优缺点

德国财产保险公司治理模式又称为内部控制主导型治理模式，以利益相关者理论为基础。德国财产保险公司治理模式有如下优点：一是能较好地发挥人力资本的作用。由于大股东直接参与经营，员工也参与治理，因此普通雇员也获得了有一定剩余的控制权，他们由单纯的被监督者成为兼具监督者和被监督者的双重身份员工，这样就较好解决了目标不一致和信息不对称的问题。二是利于公司长期目标的实现和稳定发展。相互持股使股东相对稳定，可以防止频繁的并购，使公司的决策行为长期化。

德国财产保险公司治理模式的缺点如下：一是缺乏市场控制权争夺的压力，资本市场难以发挥对经营者的监督和制约作用，经营者在法人相互持股中容易成为公司权力中心，不仅摆脱了股东的监督与控制，还掌握和控制了董事会，形成了“内部人控制”。二是经营者创新动力不足。由于超稳定的股东结构和缺乏恶意并购等压力，经营者普遍缺少危机感，对企业发展创新的动机并不强烈，这将影响到这些企业的未来发展和潜在竞争力。三是与银行、保险公司等机构高度依存，容易形成泡沫，一旦其中一个环节出问题就会殃及全体员工。四是员工剩余索取权和剩余控制权不匹配。员工虽然有参加治理的权力，但是只能在一定范围内争取自身权利，公司的盈余分配权仍归股东所有。

三、日本财产保险公司治理实践

（一）大同火灾海上保险株式会社治理模式

大同火灾海上保险株式会社起源于1950年成立的琉球火灾保险公司，1971年与共和火灾保险公司合并成立大同火灾海上保险株式会社，2019年3月底总资产达41 889百万日元，资本金1 054百万日元，2018年4月—2019年3月，保费收入达16 691百万日元。截至2019年3月，公司股权结构如表2-2、表2-3所示。大同火灾海上株式会社会治理结构如图2-2所示。

大同火灾海上保险公司治理架构如图2-5，设股东大会（株主总会），股东大会下设董事会（取缔役会）和监事会（监察役会），董事会下设经理层（常务会）。股东大会由全体股东组成，每年4~8月期间召开股东大会。根据公司章程，董事会人数在14人以内，根据提名委员会的提名聘任专家担任外部董事。2019年，大同火灾海上保险公司有10名董事，其中执行董事5人，独立董事1名，1名非执行董事，3名职工董事。董事会下设提名薪酬委员会、合规委员会。提名薪酬委员会由3名以上委员组成，委员会的半数以上及委员长由社外委员（非本公司及其子公司的高级职员，且过去未担任过高级职员的人员）组成，为了确保委员会的独立性以及中立性，委员的选任必须经委员会的同意才能举行。委员会负责制定董事的选任方针以及选任标准，决定董事的候选人，同时，就关于董事的业绩评价、薪酬体系以及薪酬标准向董事会详报。合规委员会检验内控系统的适当性和有效性、内部审计的有效性及法律法规的遵守情况。合规委员会委员长由非执行董事担任。

表2-2　大同火灾海上株式会社前10大股东持股情况

（2019年3月31日現在）

氏名又は名称	持株数(株)	持株比率(%)
東京海上日動火災保険株式会社	97 466	8.5
日本生命保険相互会社	89 052	7.8
大同火災従業員持株会	58 455	5.1
株式会社沖縄銀行	57 000	5.0
株式会社琉球銀行	56 750	5.0
琉球セメント株式会社	55 000	4.8
株式会社リウコム	52 622	4.6
株式会社沖縄海邦銀行	51 968	4.6
沖縄電力株式会社	35 000	3.1
オリオンビール株式会社	31 238	2.7

注：数据来源于大同火灾海上株式会社2019年信息披露报告。

表 2-3　大同火灾海上株式会社分类股东持股情况

区分	株主数(人)	持株数(株)	持株比率(%)
政府および地方公共団体	—	—	—
金融機関	6	359 736	31.5
証券会社	1	3 750	0.3
その他の法人	55	427 480	37.5
外国法人等(うち個人)	—	—	—
個人その他	322	350 534	30.7
合計	384	1 141 500	100.0

注：数据来源于大同火灾海上株式会社 2019 年信息披露报告。

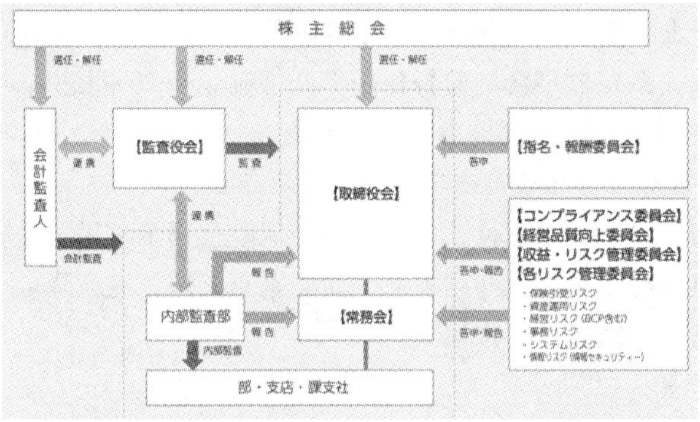

图 2-2　大同火灾海上株式会社治理结构

注：资料来源于大同火灾海上株式会社 2019 年度信息披露报告。

监事会对保险业务运营的合法性及可行性进行监察。监事会人数不超过 4 人，其中一半以上为外部监事。2019 年公司实际有 3 名监事，其中 2 名外部股东监事，1 名为公司内部常务监事。公司设置常务会即经理层，由董事会聘任，负责公司的日常经营管理，公司总经理由董事长兼任。

（二）日本财产保险公司治理模式特点

（1）法人相互持股形成稳定的股东结构。财产保险公司通过与银行、其他保险公司等法人机构相互持股。相互持股最早是作为防范在股票市场上被恶意收购的一种策略，如三井系的大正海上火灾保险事件。19 世纪 70 年代，日本保险业迫于压力对外开放，为应对外国公司恶意收购的威胁，保险公司进一步加强了法人之间的相互持股比例。虽然单一股东持股比例低，但相互持股抑制了股权分散化，形成相对集中的股权结构。

（2）内部董事占比大。从法律上看，董事会成员由股东正式选出，但是，董事会成员一般是CEO与大股东协商之后选择，主要由外部人员和管理层人员组成。由于日本企业实行终身雇佣制度，在公司内部培训、轮岗，优秀的员工有望进入董事会。因此，董事会成员除少数由股东委派外部人员外，大部分由内部晋升构成。大同火灾海上保险公司仅有2名外部董事，其余8名董事均为公司内部董事。

（3）董事会可设置独立董事。1975年，日本法务省民事局参事官室曾发表《公司法修正之问题点》，提出借鉴美国设置独立董事，但争议不断。2002年的日本商法特例对独立董事的设置采取了开放的态度，各公司有权根据自身的需要选择是保留传统的监事制度还是设立独立董事制度。

（4）监事会与董事会并列。日本保险公司的董事会成员和监事会成员均由股东大会任命，监事会与董事会处于并列的位置，并非德国模式中的上下层级关系。并列关系使监事会的监督作用受到抑制。受20世纪90年代财务丑闻影响，1993年的商法将外部监事引入监事会。

（三）日本财产保险公司治理模式的优缺点

日本财产保险公司治理模式与德国财产保险公司治理模式比较接近。差异主要在于监事会与董事会是并列关系，而非垂直关系，这就降低了监事会监督的有效性。其余优缺点与德国模式类似。

第三节　国际组织的保险公司治理原则

一、国际保险监督官协会（IAIS）相关规定

国际保险监督官协会（IAIS）是一个类似于巴塞尔银行监管委员会的保险组织，成立于1994年。我国于2000年加入IAIS，目前的会员有180多个国家和地区的保险监管机构。1997年，IAIS推出第一份《保险监管核心原则》，2004年专门颁布《保险公司治理的核心监管原则》，将此前散见于各核心原则中与公司治理相关的主要内容汇集起来。2011年，IAIS进一步修订后发布《保险核心原则、标准、指引和评估方法》，将原来的28条核心原则调整为26条，此后进行了多次修订，其中2015年对关于公司治理的第七条和第八条进行了修订，2019年11月通过《国际活跃保险集团监管共同框架》（ComFrame）后，又相应对第七条和第八条及其他内容进行了修订。第七条是关于公司治理监管的核心原则：监管机构要求保险公司建立和实施公司治理框架，该框架为保险公司的业务提供了健全和审慎的管理和监管，同时充分承认

并保护投保人利益。第八条是关于风险管理和内部控制的核心原则：监管机构要求保险公司拥有有效的风险管理和内部控制，作为公司治理框架的一部分，其中包括关于风险管理、合规性、精算事务和内部审计的有效职能。其主要内容如下：

（1）关于公司治理的目标。董事会应制定和监督执行公司文化、经营目标和实现目标的策略。董事会制定和监督执行的依据是公司的长期利益和可行性，应考虑到保险公司整体的长期财务安全和健全，投保人和其他利益相关者的利益。

（2）关于董事会。董事会体系分为单一制和双重制。单一制体系仅有一个董事会，由执行董事和非执行董事构成。双重制体系有监事会和内部董事会。监事会由非执行董事构成，内部董事会由执行董事构成。本核心原则所称的董事会是指整体董事会。董事会应有满足工作需要的适当数量和组合的成员，建立责任明确的委员会，建立适当的内部治理实践措施和程序，拥有充分的权利和资源，促进董事会高效、客观和独立地判断和决策。董事会成员应将保险公司和投保人的利益置于任何其他实体或自身利益之上，如果与公司利益发生重大冲突，应及时披露并放弃相关的表决或决定。

（3）监督和管理职责适当分配。董事会应确保董事会、高管层和控制职能的关键人员职责职权清晰地分配，促进监督职能和管理职能分离，并对高管层进行充分监督。单一董事会模式，对董事会成员职责分配应充分考虑成员是否具有执行特定委员会职能的独立性和客观性，非执行董事更适合对执行职能履行的有效监督。双重体系模式，应明确监事或董事职责，充分发挥各自的作用。

（4）风险管理和内部控制。董事会应监督风险管理制度和内部控制的设计和执行，建立有效的控制职能，并拥有必要的授权、独立性和资源，确保风险管理、合规性、精算事务和内部审计等控制职能有效发挥作用。

（5）薪酬政策。董事会应采纳并监督薪酬政策的有效执行，并且这些政策符合公司及利益相关方确认的风险偏好和长期利益，并对投保人利益有适当关注。薪酬政策至少涵盖董事会成员、高管层人员和控制职能的关键人员及其他对公司风险敞口有重大影响的职员；应将固定薪酬和浮动薪酬适当组合，以业绩为基础的浮动薪酬不应激励公司承担不适当的风险；不应提供固定奖金，浮动薪酬应适当延迟一段时间支付；采用基于股份的浮动薪酬应执行适当的安全保障，将激励与公司的长期利益相匹配。

（6）信息披露。董事会确保有可靠的财务报告流程，并由董事会、高管层以及外部审计师明确定义的职责和责任所支持，确保财务报告能针对公司业务及作为持续经营的公司的财务健全程度和可行性。

（7）外部审计。董事会确保有对外部审计过程的适当管理和监督。

（8）交流。董事会应制定相关制度，以促进与监管机构和利益相关方就公司治理进行适当、及时和有效的交流。

（9）高级管理层职责。高级管理层依据公司策略、政策和程序有效开展公司日常运营；促进健全的风险管理、合规和公平对待客户的公司文化；为董事提供充分、及时的信息，帮助董事会履行其职责职能；向利益相关方和监管机构提供必要信息，履行适用于公司和管理层的法律及其他义务。

（10）公司治理监管。公司向监管机构保证治理框架的充分性和有效性。

（11）互助保险和合作保险。治理原则的标准也适应互助和合作保险，将原则中的股东或利益相关方视为保单持有人即可。

二、G20/OECD 公司治理原则相关规定

经济合作与发展组织（OECD）成立于 1961 年，目前有 38 个成员，其使命是推动和改善世界经济与社会民生的政策，提供一个政府可以展开合作的平台，分享经验并寻求共同问题的解决方案，旨在共同应对全球化带来的经济、社会和政府治理等方面的挑战，并把握全球化带来的机遇。二十国集团（G20）是一个国际经济合作论坛，于 1999 年由八国集团（G8）的财长在德国柏林成立，于华盛顿举办了第一届 G20 峰会，属于非正式对话的一种机制，由原八国集团以及其余 12 个重要经济体组成。G20 的目的是防止类似亚洲金融风暴的危机重演，让有关国家就国际经济、货币政策举行非正式对话，以有利于国际金融和货币体系的稳定。1999 年，OECD 发布了《公司治理准则》，并于 2002 年、2004 年进行修订；2015 年再次进行修订；G20 部长级会议于 2015 年 9 月联合签署发布《G20/OECD 公司治理原则》。

（一）OECD《保险公司治理指引》

2005 年，OECD 在 2004 年《公司治理原则》的基础上制定《保险公司治理指引》（以下简称《指引》）。《指引》分析了保险公司治理的理论基础，指出保险公司治理的特殊性：一是保险公司内的代理冲突有特殊性。对于股份制保险公司，不仅存在股东与经营者之间的利益冲突，还存在股东与保单持有人的利益冲突以及经营者与保单持有人信息和权利的不对称。如果是相互保险公司，则只存在参与保单持有人与经营者间的信息和权利不对称，形成利益冲突。但由于缺乏市场接管机制和股票期权激励机制，相互保险公司的管理层的

管理权比股份公司更大。二是与人寿保险相比，非寿险业务经营周期较短，在大多数情况下 1~3 年。因此，保单持有人和股东之间潜在的利益冲突不如寿险业务那么明显。非寿险公司的治理问题源于保单持有人与保险公司之间的信息不对称以及管理权的自由裁量权。这两个因素可能导致管理层进行机会主义的短期决策，对保单持有人和股东产生不利影响。三是良好的法律和监管环境有助于保护保单持有人免受保险业发生的大部分重大利益冲突，特别是保持行业的财务稳健。但是，监管部门要谨慎，不应强制要求和严格限制企业高管的自主权力的严格限制性规定和广泛的禁令；应充分发挥董事会管理公司并做出适当商业决策的最终作用和功能。四是精算师在保险公司治理中的作用至关重要。

《指引》的具体条款共有 12 条，分为三部分，即公司治理结构、公司治理机制和利益相关者保护。

（二）《G20/OECD 公司治理原则》

G20 部长级会议和 OECD 于 2015 年 9 月联合签署发布《G20/OECD 公司治理原则》并对 2004 年的《公司治理准则》进行了修订。此次修订主要是基于三个原因：一是 2008 年金融危机暴露出公司治理在内部控制和风险管理失效、薪酬管理扭曲、董事会责任和运作不足以及股东参与公司治理的被动性等方面的缺陷。二是所有权结构变化。股权存在集中趋势，存在大股东侵占中小股东利益、增加股东间横向代理成本的风险。机构投资者持股比例呈上升趋势，在治理中的作用受到关注。三是证券交易所出现兼并浪潮，以盈利为目标的交易所在商业角色和监管者角色间的冲突加剧。修订后的主要内容如下：

（1）确保有效公司治理框架的基础。公司治理框架应提高市场的透明度和公平性，促进资源的高效配置，符合法治原则，并为有效的监督和执行提供支持。

（2）股东权利和公平待遇以及关键所有权功能。公司治理框架应保护和促进股东行使权利，确保全体股东的平等待遇，包括少数股东及外资股东。在权利受到侵犯时，公司应保障全体股东均有机会获得有效救济。

（3）机构投资者、证券交易所和其他中介机构。公司治理框架应当在投资链条的每一环节中都提供健全的激励因素，并规定证券交易所的运行应当有利于促进公司治理的水平。

（4）利益相关者在公司治理中的作用。公司治理框架应承认利益相关者的各项法律或共同协议而确立的权利，并鼓励公司与利益相关者在创造财富和就业以及促进企业财务的持续稳健性等方面展开积极合作。

（5）信息披露与透明度。公司治理框架应确保及时准确地披露公司所有重要事务，包括财务状况、绩效、所有权和公司的治理。

（6）董事会责任。公司治理框架应确保董事会对公司的战略指导和对管理层的有效监督，确保董事会对公司和股东的问责制。

第四节　国外财产保险公司治理的分析与借鉴

一、各国对财产保险公司治理非常重视

保险业是“经济助推器”和“社会稳定器”，保险业的发展不但有利于自身功能的增强，也在金融资源配置、资本市场发展、社会再生产持续、社会保障体系完善、产业技术创新等各个方面产生了巨大的促进作用，外部性效应非常显著。1997 年的亚洲金融危机、2008 年的次贷危机，不断引起世界各国对金融体系运行各个环节的反思，也冲击着传统的监管理念和方法。在保险业界，各国加强了国际间的合作与交流，IAIS 于 1997 年亚洲金融危机爆发后首次发布了保险监管核心原则，其后对保险监管核心原则修订了 4 次。IAIS 的使命是“旨在促进保险监管的有效性和全球一致性，以发展和维护公平、安全和稳定的保险市场，保护保单持有人的利益，维护全球金融稳定”①。

在加强监管过程中，IAIS 认识到公司治理的重要性，将公司治理监管列为与市场行为监管和偿付能力监管并列的三大核心监管支柱。IAIS 于 2004 年专门颁布《保险公司治理的核心监管原则》（以下简称《核心原则》），2011 年和 2015 年的修订版《核心原则》中也列两章对公司治理相关原则进行阐释。2005 年 OECD 制定《保险公司治理指引》，2009 年 IAIS 和 OECD 联合发布了一个报告——《Issues Paper on Corporate Governance》，对保险公司治理中的重大问题表明了共同的关切，其中包括保险公司董事会的功能、风险管理的角色、如何更加透明、保单持有人利益保护的强化以及监管如何介入等问题。

二、财产保险公司治理模式对本土文化存在路径依赖

诺斯认为，意识形态、文化传统等非正式制度将影响和制约正式制度的变迁。曲扬（2005）研究了公司治理模式和国家文化的关联性，指出“不同国

① 国际保险监督官协会. 保险核心原则、标准、指引和评估方法［M］. 中国金融出版社，2012：1.

家公司治理模式各不相同，既有经济体制的原因，又有法律体系和公司所处市场环境的原因，更有各国历史文化传统的原因”[①]。美国是一个移民国家，秉承“盎格鲁-撒克逊”的主流文化，又不断地融合发展，“经过历史的演进，自由主义、理性主义、英雄主义逐渐成为美国的主流伦理文化观，这样的伦理文化观在推动着美国公司治理不断完善的同时，也常导致其公司治理偏离公平、制衡以及兼顾社会责任的公司发展目标”[②]。自由主义的文化促使公司的股权更为分散，避免被单一股东控制、垄断，分散的中小股东采用“脚投票”的方式迫使管理层背负经营业绩的压力，形成以外部资本市场治理为主的模式。英雄主义则促成了对管理层的遴选与授权，监督权与决策权均由董事会统一行使，甚至董事长和总经理两职合一，鼓励企业家统领公司的发展，勇于开拓、积极创新。理性主义在抑制自由主义和英雄主义对公司治理的消极影响时，发挥着积极的作用，美国非常强调立法对公司非伦理行为的约束。为提高董事会的独立性，加强对管理层的监督，美国于19世纪40年代颁布了《投资公司法》，规定40%的董事会成员必须由外部人士担任。20世纪70年代，由于美国经济丑闻不断，1977年，美国证券交易委员会（SEC）批准纽约证券交易所颁布了上市公司必须设立由独立董事组成审计委员会的条例，随后多家证券交易所要求上市公司多数成员应为独立董事。21世纪初，安然、世通、施乐等大公司财务造假丑闻曝光后，美国出台了《萨班斯法案》，成立独立的公众公司会计监察委员会，监管执行公众公司审计职业，规范公司的信息披露。

“德意志民族走向了先进，逐渐形成了自强不息、崇拜权威、严谨思辨的日耳曼精神。”[③] 弗里德里希·李斯特在《政治经济学的国民体系》中阐释了国家利益的重要性，指出国家是个人与社会间的中介，国家为个人提供文化、生产力、安全和繁荣的环境[④]。国家利益至上就是集体主义价值观的集中表现，德国人集体主义的价值观促进了团结协作的观念，认为企业存在的价值不是个体，而是团队，形成了“劳动和资本间伙伴关系”的共同治理思想。德国人的严谨思辨使德国的公司治理规范不再简单地停留在书面上，而是具有很

① 曲扬. 公司治理模式与国家文化的关联性研究［J］. 中央财经大学学报，2005（8）：54.

② 彭华伟. 美国伦理文化观的历史形成及对公司治理的影响［J］. 现代商业，2014（9）：138.

③ 肖洋. 德国崛起的社会文化解读［J］. 当代世界，2012（11）：44.

④ 弗里德里希·李斯特. 政治经济学的国民体系［M］. 陈万煦，译. 北京：商务印书馆，1997：152.

强的可操作性，如监事会与管理委员会互不兼任、职工委员会的选举规则等。

日本的集体主义观念比德国更强。欧美的集体主义建立在个人自立和自主的基础上，公司奉行契约关系。日本的集体主义意识是在岛国封闭的地域共同体基础上发展起来的，个体对群体的忠诚往往是单向的、绝对的，日本文化的最大特征在于团队精神，“日本人总是认为自己是集体的一部分，自己的自我价值并不完全依靠个人奋斗，而是通过在集体中的贡献，以集体价值的方式来实现”①。因此，日本公司形成了终身雇佣制、年功序列制等内部治理机制。

三、财产保险公司的治理模式应结合外部环境确定

美国和德国都是将股东作为唯一或最重要的治理主体。但是美国采取了以外部市场主导的治理模式，德国却采用了以内部为主导的治理模式。其原因在于内部治理和外部治理是相互补充的治理机制，此消必然彼长，才能实现有效的治理。美国和德国各自的股权市场环境不同，影响了外部治理的有效性。

美国发达的外部股权资本市场提供了外部治理模式的环境。美国股票市场出现于 18 世纪，历史悠久，形成了系统的资本市场体系，有以纽约证券交易所为代表的全国性市场，以纳斯达克为代表的创业板市场，还有芝加哥交易所、太平洋交易所等地方性市场，而且还有场外柜台交易所系统（OTCBB）等为小型企业提供股权融资的非交易所市场。在美国股票市场上，上市保险公司的市值在整个市值中所占的比重达到 27.18 %（数据来源于 Compustat PC Plus1999 年 5 月 12 日的资料统计）。美国公司无论大小，在投资银行的支持下都有上市融资的机会。在 IPO 发审制度上，美国股市采用了以诚信和法制为双重约束的“注册制”；在退市标准上，美国股市同时采用了财务退市标准和市场化退市标准。1995—2002 年，美国有 7 000 多家公司退市，纽约证券交易所每年有 100~300 家新公司 IPO，但同时也有 100~300 家公司退市②。美国股市的吞吐自如，大浪淘沙形成了有效的外部治理环境。

德国股权资本市场作用有限，形成了内部主导的公司治理模式。虽然在 17 世纪德国就有股份公司，但民众对股票的投资热情不高，资本市场主要是债券为主。德国股票市场发达程度较低，上市公司数量小，且集中度高。持有大部分股权的法人股东为保持稳定的合作关系而相互持股，不让股票流通，

---

① 尹小平. 集团主义文化与日本公司治理结构的内部化制度变迁 [J]. 现代日本经济，2014（6）：60.

② 董登新. 美国股市 8 年退市 7 000 只股票：以 1995 至 2002 年美国股市的退市样本为例 [J]. 中国证券报，2011（5）：1-2.

2002年以前出售股票的所得会被征收高达58%的资本利得税，使得大规模股权转移的情况很少出现。据Franks和Mayer统计，英国在20世纪80年代中期的两年中，有过35次成功的敌意收购，而德国在1945—1994年中，仅有3次敌意收购（Franks and Mayers，1992，1997）。

四、财产保险公司治理目标不再是单一的股东利益至上

公司治理问题最初起源于所有权与经营权分离后对所有者利益的保护，但从国外财产保险公司治理实践看，公司治理的目标不再是单一的股东利益至上。IAIS《保险核心原则》指出“为保护保单持有人、受益方和索赔人的权益和利益，需要建立健全的监管体系，以维护保险行业的公平、安全和稳定”①。IAIS也强调了公司自身的利益，指出董事会应该关注“公司的长期利益和可行性，应考虑到保险公司整体的长期财务安全和健全，投保人和其他利益相关者的利益”②。2015年的《G20/OECD公司治理原则》指出“一个公司的竞争力和最终成功是众多不同资源提供者联合贡献的结果，包括投资者、员工、债权人、客户和供应商以及其他利益相关者。公司应承认，对于打造富有竞争力和盈利能力的企业，利益相关者的贡献是一种宝贵的资源……治理框架应承认利益相关者的利益及其对公司长期成功的贡献”③，《G20/OECD公司治理原则》还着重强调“应允许制定员工参与机制”和“有效的债权人权利执行机制作为补充”。

从公司治理实践看，即便是以股东单边治理为模式的美国，也引入了利益相关者理念，美国本来就是IAIS和OECD的成员，是制定《G20/OECD公司治理原则》的参与者。我们从美国公司法的变革上也能看出利益相关者理念的端倪。20世纪80年代，美国兴起恶意收购的浪潮，恶意收购者高价收购股票，然后重组高层管理人员，改变公司经营方针，解雇大量雇员。由于可以获得更高的收购价格，股东们往往同意恶意收购。但获利的是股东，受损失的是雇员及其他相关利益方。1989年，宾夕法尼亚州议会提出新的公司法议案，“其中最引人注意的条款就是要求公司经理不能只维护股东的利益，还应该维

① IAIS. 保险核心原则、标准、指引和评估方法［M］. 北京：中国金融出版社，2012：1.

② IAIS. Insurance Core Principles and Common Framework for the Supervision of Internationally Active Insurance Groups［R］. 2015：50.

③ OECD. 二十国集团/经合组织公司治理原则［EB/OL］.（2017-03-01）［2020-10-11］. http：//max. book118. com/html/2017/1220/145150139. shtm.

护与公司相关的‘利益相关者’的利益”①。

利益相关者与公司之间，以及利益相关者之间存在利益冲突。国家正好能提供这样的机制，可以对众多外部利益相关者之间的利益冲突进行平衡，然后再通过法律法规或其他方式介入公司治理。各国对保险业进行积极监管、促进保险公司的健康发展、维护金融体系的稳定，正体现了对公司自身及利益相关者利益的保护。

五、风险管理对财产保险公司治理非常重要

由于财产保险公司经营的特殊性，面临的风险很大。一旦出现问题，其对金融体系的影响也很大。IAIS 于 2011 年修订保险核心原则后，就专门制定了独立的“宏观审慎监测与保险监管”核心原则，明确保险监管机构应关注引发金融体系乃至实体经济动荡的系统性风险，建立审慎监测体系和开发审慎监管工具以抵御系统性风险；要求公司董事会应采用严格的流程制定并监督公司总体经营目标和风险策略的执行；并单列风险管理和内部控制原则对各项风险管理职能进行详细阐释；针对跨国保险集团分别面临各国不同的风险环境，IAIS 于 2019 年通过的《对国际活跃保险集团进行监督的通用框架》建立了针对国际活跃保险集团（IAIG）在整个集团范围内进行有效监管的监管标准和指南。

① 崔之元. 美国公司法变革的启示［J］. 当代世界于社会主义，1996（10）：10-12.

第三章　我国财产保险公司的治理模式

"世界上没有最好的、放之四海而皆准的模式，一个国家必须探索符合自身国情的公司治理模式，一个行业应选择适合自身特色的公司治理模式，一个企业要依据不同的成长阶段的需要而优化公司治理模式"① （郝臣和李礼，2006）。

第一节　财产保险公司特殊性对治理的影响

一、财产保险业经营的特殊性

（一）产品的特殊性

第一，产品以风险为前提。财产保险公司经营的产品不同于一般的商品或劳务，保险产品是对风险损失的补偿，没有风险客户就不会购买保险产品。保险产品以特定风险的存在为前提，风险的大小，风险是否发生，具有不确定性。第二，保险产品的设计与销售以大数法则为原则。由于保险产品以风险为前提，保险经营是通过对风险的集合与分散来转移风险损失，风险单位数量越多，实际损失的结果会越接近从无限单位数量得出的预期损失可能的结果。据此，保险公司才可以比较精确地预测危险，合理地厘定保险费率，使在保险期限内收取的保险费和损失赔偿及其他费用开支相平衡。第三，产品以诚信为基础。一般的商品或劳务是在销售时即提供了主要的商品和服务，转移了商品和劳务的控制权。由于风险发生的不确定性和滞后性，保险产品在销售时出售的是保险合同，是一份承诺，承诺在合同约定的将来一定期限内对客户的风险损失给予补偿。最大诚信是订立各种保险合同必须遵守的基本原则，保险合同对

① 郝臣，李礼. 公司治理模式的多维度比较研究：构建公司治理权变模式 [J]. 南开管理评论，2006：88.

保险公司信用的要求远比其他一般性商业契约高。从表面上看，保险公司销售的是以保险合同为载体的保险产品，实际上销售的就是信用。第四，财产保险公司的产品更有短期性。寿险公司的产品除短期人身意外险、健康险外，主要是人寿保险，这些产品具有长期性。万能险等产品还具有投资性，一次销售可带来长期的资金，能集聚大量的可长期使用的保险资金。与寿险公司不同，财产保险公司经营车险、责任险以及短期人身意外险和健康险，这些产品基本上都是以一年为期限，期限短、不直接具有投资性，到期后需进行二次销售，使财产保险公司的经营更易受到市场环境、销售策略的影响，波动大，风险大。第五，与人寿保险公司比，财产保险公司经营的内容更具复杂性。投保的对象和承保的标的既有法人团体，又有家庭和自然人。承保标的既包括有实体的财产物资，又包括无实体的信用责任等，不同标的往往具有不同的形态和风险。人身保险业务的对象只有自然人的身体和生命；承保过程和承保技术更为复杂，承保前要进行风险检查，保险期间要做好防灾防损和事故发生后的查勘理赔，整个过程环节多、程序复杂，容易滋生道德风险。由于涉及的标的纷繁复杂，保险承保要求公司熟悉各种类型标的相关的知识，如汽车技术、卫星技术，等等；风险管理更复杂，人身保险对每个自然人的保险金额是可以控制的，且相对较小。财产保险业务强调物质及相关利益的管理，保险对象危险集中，通常需要通过共保或分保来分散风险。如卫星保险业务，保险金额以数亿元计算。而且人们对身体总是会更爱惜的，人身保险的道德风险更小，财产保险面临的骗保、骗赔的道德风险会更大，增加了管理的难度。

（二）核心技术的特殊性

精算技术是财产保险公司的核心技术，保险精算是指通过运用数学、统计学及保险学理论与方法来处理保险公司经营中的大量计算问题。保险产品的设计需要精算技术，通过精算技术对风险的测算来设定保险条款，厘定保险费率。保险产品销售以后，还需要通过精算技术来测算各种保险准备金，核算成本与利润。但是，精算技术本身是一种以概率为基础，对风险发生及损失程度的估算，并非损失真实发生的计算，只能接近真实，无法与真实完全一致，这将影响保险产品的科学性和成本利润核算的准确性。而且精算技术的专业含量很高，对精算人员要求很高，精算人员专业水平的高低也会影响保险产品的科学性和利润信息的准确性。

（三）内部信息传递的特殊性

一方面，与人寿保险公司不同，财产保险公司的产品具有多样化，企业财产险、责任险、信用保证险等具有很强的个性化特征，承保和理赔的标准化程度低，产品价格也随市场波动较大，一线基层人员掌握的信息越充分、真实。另一方面，财产保险公司是同一法人的多层级组织结构，使信息传递存在严重的累积性损失。信息的传递要求真实性和时效性。财产保险公司金字塔型的层级结构影响了信息传递的及时性，在信息传递的过程中将受到众多传递人员的主观无意和主观有意两方面的影响，从而使得信息最终的真实性、正确性存疑。例如，市场销售费用信息，从市场传递到总公司决策层，需要经历保险销售业务员—营销服务部经理—中心支公司市场部—分公司市场部—总公司市场部—公司领导。在这条传递链中，每个参与者都希望从上级获得更多的费用支持，都可能会在下一级基础上加价再上报，这个链条越长，层级越多，信息失真越严重。

（四）资本结构的特殊性

一方面，一般的企业债务比例较低，经营活动受自有资本的较大约束，要求具有雄厚的资本为后盾。财产保险公司在销售保险产品后立即收取保费，但向客户提供的赔偿服务在后期才有可能发生，在保费收取和发生赔偿服务之间的这段时间，就形成了公司对客户的负债，称为未到期责任准备金。另一方面，在保险损失发生到公司实际确定支付赔偿金这段时间，也形成了公司对客户的负债，称为未决赔款准备金。财产保险公司以较少的自有资本金撬动远大于资本金几倍的资产经营，实际是用客户的资金来经营，这也正是财产保险公司作为金融中介的作用，通过对风险的集合与分散，集聚资金、转移风险。股份有限财产保险公司的资产负债率一般都在75%以上，高负债率的资本结构增强了股东追求高风险高回报的动机，也增加了公司经营的风险性。相互财产保险公司由于没有股东投入的资本，负债率更高，如果初始运营资金是借款而来，则只有经营盈余才是公司的净资产，负债率几乎接近100%。

（五）经营成果核算的特殊性

与一般企业的经营成本相比较，财产保险公司的经营成本具有未来性。一般企业的成本是按照历史成本原则对现实的成本进行核算，财产保险公司经营的成本是在过去的历史性成本基础上对未来发生的成本进行预期而得到的。未来总是充满不确定性，财产保险公司的预期成本与实际成本总是不一致。因此，成本和利润核算面临不确定性和偶然性的影响。与一般企业的利润表相比，财产保险公司利润表中有几个特殊的项目：未决赔款准备金提转差、未到期责任准备金提转差、提取保险保障基金。未决赔款准备金提转差是当期提取的未决赔款准备金与转回的上期未决赔款准备金的差额，未到期责任准备金提转差是当期提取的未决赔款准备金与转回的上期未到期责任准备金的差额，未决赔款准备金和未到期责任准备金就是财产保险公司通过精算技术进行的预期。保险保障基金是财产保险公司为了有足够的能力应付可能发生的巨额赔款，从年终结余中所专门提存的后备基金。保险保障基金按照规定比例提取并专项划入银保监会财会部开列的统一账户进行专项管理。一般的行业并不需要提存保险保障基金，但由于财产保险公司经营的风险性和对社会的稳定、经济发展的影响很大，因此其必须提取保险保障基金来应对公司可能面临的巨大风险。比如，中华联合财产保险公司在 2010 年面临巨大经营风险，偿付能力严重不足，就由保险保障基金公司投入了保险保障基金，维护其稳定经营，并择机退出。

（六）强大的外部性

财产保险公司具有经济补偿功能。自然灾害和交通、生产等各类事故会给人民的生命财产造成巨大的损失。财产保险公司的及时赔付，有利于及时恢复生产生活秩序，减少了政府财政和事务负担；财产保险公司也有资金融通功能，凭借其信用事先收取保费，然后才提供理赔服务，通过事先收取分散的保费用于事后发生损失的集中支付，在融资结构上体现出与非金融业不同的高负债率；同时，财产保险公司还有参与社会管理的功能，可以分担国家的社会保障负担，可以参与国家公共事务应急体系的构建，提供处理社会应急事件的手段，可以缓解社会矛盾，促进社会和谐稳定，可以通过巨灾保险减轻社会震荡。财产保险公司产品以大数法则为原则，客户群体较为广泛，公司的经营对社会影响大，具有强大的外部性，公司如果发展得好，将给经济社会带来良好的效益。周灿（2014）进行实证研究后得出结论，“我国保险业在为经济发展做出直接贡献的同时，还产生了显著的外溢效应，引导了产业结构调整和经济总量增长，认为保费收入对 GDP 的弹性系数达到 0.685 7”①。正因如此，国家强调保险是金融体系和社会保障体系的重要组成部分，对财产保险业的发展给予特别的重视。2014 年国务院印发《关于加快发展现代保险服务业的若干意见》提出保险业的发展目标，“到 2020 年，基本建成保障全面、功能完善、安全稳健、诚信规范，具有较强服务能力、创新能力和国际竞争力，与我国经济社会发展需求相适应的现代保险服务业，努力由保险大国向保险强国转变。保险成为政府、企业、居民风险管理和财富管理的基本手段，成为提高保障水平和保障质量的重要渠道，成为政府改进公共服务、加强社会管理的有效工具。保险深度（保费收入/国内生产总值）达到 5%，保险密度（保费收入/总人

① 周灿. 中国保险业的经济外部性实证研究［D］. 长沙：中南大学，2014：149.

口）达到3 500元/人。保险的社会‘稳定器’和经济‘助推器’作用得到有效发挥”；同时提出“把商业保险建成社会保障体系的重要支柱。商业保险要逐步成为个人和家庭商业保障计划的主要承担者、企业发起的养老健康保障计划的重要提供者、社会保险市场化运作的积极参与者。支持有条件的企业建立商业养老健康保障计划。支持保险机构大力拓展企业年金等业务。充分发挥商业保险对基本养老、医疗保险的补充作用”。

（七）存在广泛的金融安全屏障，受到较强的政府干预

由于财产保险公司有广泛的外部性，一旦公司倒闭破产，将影响金融秩序的正常运行，甚至引发经济危机和社会动荡，因此，为了保护被保险人利益，防范出现金融传染而引起系统性金融危机，各国均不同程度地采取了特殊的措施。第一是分业经营，财产保险公司不得经营寿险业务，防止资金错配带来经营风险，我国保险法规定经银保监会批准，财产保险公司可以经营短期健康保险业务和意外伤害保险业务，但不能经营其他人身保险业务。第二是保险保证金制度，我国保险法第九十七条规定，保险公司应当按照注册资本总额的百分之二十提取保证金，存入国务院保险监督管理机构指定的银行，除公司清算时用于清偿债务外，不得动用。第三是保险保障基金制度，财产保险公司应根据不同的业务按规定向保险保障基金公司缴纳保险保障基金，财产保险、意外伤害保险和短期健康保险按照自留保费的1%缴纳，达到总资产的6%以后可暂停缴纳，保险保障基金用于在公司被撤销或者被宣告破产时向投保人、被保险人或者受益人提供救济。第四是再保险制度，我国保险法第一百零三条规定，对一次保险事故可能造成的最大损失范围所承担的责任，不得超过其实有资本金加公积金总和的百分之十，超过的部分应当办理再保险。第五，国务院保险监督管理机构还对财产保险公司的设立、股东要求、资本金要求、偿付能力、业务经营等方面实施了比普通行业更为严格的监管，并建立了公司治理监管、偿付能力监管和市场行为监管为支柱的三支柱监管框架和以公司治理和内控为基础、以偿付能力监管为核心、以现场检查为重要手段、以资金运用监管为关键环节、以保险保障基金为屏障的五道防线风险防范体系。

二、经营特殊性对公司治理的影响

财产保险业经营有诸多特殊性，这些特殊性同时又使得人力资本在公司中的作用更为特殊，信息不对称更为严重，外部市场环境也有所不同，这些都将对公司治理产生影响，使财产保险公司的治理有别于普通行业的公司治理。

（一）人力资本的作用对公司治理的影响

财产保险公司内部信息传递的特殊性说明各层级职工掌握着真实充分的信

息，充分调动员工正确运用所掌握的信息对公司经营非常重要。产品的特殊性和核心技术的特殊性说明财产保险业是一个知识和技术密集型行业，人才具有基础性、战略性、决定性作用。原中国保险监督委员会副主席周延礼曾指出："保险业在高速发展过程当中最根本的因素不是资金与管理因素，而是人才储备、人力资源配置问题。"张春海（2014）采集2007—2011年33家财产保险公司样本数据，实证分析结果显示"劳动力的弹性系数为0.754 5，而资本的弹性系数为0.331 7，说明劳动力的贡献率要大于资本的贡献率"，在对滞后一期的人力资本结构与经营效率关系的实证中也显示受教育程度的提高对经营效率有促进作用①。"企业所有权的配置取决于要素所有者拥有的谈判力强弱以及选择的博弈策略。"② 因此，与其他普通行业比，拥有人力资本的雇员更处于重要地位。

（二）严重的信息不对称对公司治理的影响

任何一个行业都存在信息不对称问题，但是核心技术的特殊性和经营成果核算的特殊性，以及内部信息传递的特殊性说明财产保险公司有比其他行业更严重的信息不对称，这加大了财产保险公司治理的难度。由于信息不对称更为严重，因此公司对经理的评价、监督更为困难，分散的股东更加难以签订和执行有效的激励或使用投票权作为影响决策的手段来制约经理，债权人难以通过债务条款来对经营者进行约束。这使得经理或大股东更容易、更可能通过操纵董事会来获取控制权收益。具体来看，严重的信息不对称对公司治理的影响主要有以下几方面。

首先是分散的股东和外部债权人掌握的信息不对称，增大了监督经营者的难度，也难以控制经营者的冒险行为。由于杠杆率很高，大股东以很小的代价就有可能获得高额的收益，因此，大股东存在冒险的冲动。其次是难以设计激励相容的激励合同，由于经营成果难以衡量，又容易受到操纵，经营者容易进行盈余操纵或采取注重短期业绩的经营行为，通过影响短期业绩来从激励合同中获利，而这势必会损害公司的长期利益。再次是大股东和经营者更容易掠夺小股东和政府的利益。在信息不对称更严重的情况下，掠夺行为不易被发现，如果问题积累下来最终可能造成公司破产，甚至可能造成金融危机，给国家经济带来危害，大股东和经营者的损失却是有限的。最后，严重的信息不对称会对公司治理方式产生影响，会增加外部市场交易性治理方式和外部公共管制型

---

① 张春海. 我国保险业经营效率研究：基于人力资本与市场结构视角［D］. 北京：对外经济贸易大学，2014：67.

② 朱方明，姚树荣. 企业经济学［M］. 北京：经济科学出版社，2009：103.

治理方式的成本，降低治理效率，迫使相关利益主体选择更为有效的内部参与型治理方式。

（三）金融安全屏障对公司治理的影响

金融安全屏障的存在会带来两方面影响，一是降低保单持有人对公司的监督积极性。在没有保险保障基金制度的情况下，被保险人会非常关心公司的风险状况和经营业绩，因为一旦公司面临巨大风险，破产倒闭，被保险人将无法在保险事故发生时获得足够的理赔服务，此时就有很高的积极性参与治理，实施监督。有了保险保障基金制度后，被保险人监督的积极性就大大降低了，因为就算公司破产倒闭，最终也有保险保障基金兜底。二是会鼓励公司大股东和经营者的高风险行为。大股东和经营者往往有高风险项目的偏好，因为，项目一旦成功可以获得非常高的收益，一旦失败却只需要承担有限的损失。保险保障基金是按照自留保费的一定比例缴纳，且缴纳比例很低，财产保险公司缴纳的保险保障基金与公司新增的特定风险并不能完全匹配，因此，大股东和经营者就存在道德风险，采取高风险行为。一旦高风险行为成功便可获得丰厚回报，一旦失败，保险保障基金制度能提供相应保障。保险保障基金 2009 年入驻中华联合财产保险公司就是一个鲜明的案例，2006 年，经历了高速扩张的中华联合财产保险公司出现巨额亏损，资不抵债。2009 年，在市场化重组无果的情况下，保险保障基金临危受命，提出“先托管，后重组；先止血，后输血”的渐进式救助措施①。

（四）政府干预对公司治理的影响

财产保险业强大的外部性说明与其他普通行业比，政府对财产保险公司有更强的依赖性。加上金融安全屏障带来的道德风险行为，政府通常会对财产保险公司进行更为广泛的干预，最直接的就是进行行业监管。政府的较强干预对公司治理产生以下影响。

首先是对股权结构产生影响。政府往往对股东的身份和持股比例进行限制，如《保险公司股权管理办法规定》第四条保险公司单个股东（包括关联方）出资或者持股比例不得超过保险公司注册资本的 20%，第十三条规定境内企业法人向保险公司投资入股应当财务状况良好，且有盈利。第十五条规定持股 15%以上或能控制公司的主要股东须具有持续出资能力，最近 3 年连续盈利，金资产不低于 2 亿元。第十四条规定境外机构向保险公司投资入股必须连

---

① 李致宏，赵萍. 保险保障基金任建国：首度还原中华联合风险处置始末 [N]. 21 世纪经济报道，2016-04-19.

续3年盈利，且最近一年年末总资产不少于20亿美元。同时，政府也以股东身份广泛参与。

其次是对经营者的影响。过严和过深的干预会减少市场参与者监督的激励以及经营者的努力，从而弱化市场约束和内部治理的有效性。在股东、经营者和监管者存在利益冲突时，审慎监管还可能会进一步扭曲内部人的激励结构。股东要求从事高风险项目，政府出于金融体系的稳定往往要求公司承担更低的风险，在政府监管的主导下，会将政府的偏好强加于经营者，降低经营者的积极性，损害公司绩效，最终可能影响公司的稳定。

再次，政府的干预会影响债权人治理。有政府的强烈干预，债权人会降低参与治理的积极性。而且政府往往会对财产保险公司的破产重组进行干预，使破产制度和法律失效，债权人的约束作用弱化。保险保障基金公司董事长任建国指出，“中华联合财险在多年高速扩张后出现巨额亏损，从技术层面看，公司已经严重资不抵债，符合破产条件，但考虑到公司已有的800万客户、3万名员工的权益，考虑到国际金融危机的大背景等，保监会经过慎重研究后，决定采取‘立足重组，确保稳定，妥善化解风险’的原则，而没有即刻对其实施破产清算”①。

最后，政府成为公司治理的重要主体。政府对财产保险公司经营的较强干预，表明政府与公司间利益相关性很强。同时，政府的特殊身份和地位，也使得众多利益相关者产生“搭便车”行为，降低了参与治理的积极性，使政府成为公司治理的重要主体，代表最广泛相关者利益。

（五）竞争限制对公司治理的影响

财产保险业产品的特殊性、政府管制的特殊性使外部竞争市场表现出一定特殊性，影响了外部治理机制。首先，对高管人员的准入制度限制了财产保险公司经理人市场的竞争程度。与普通行业相比，财产保险业的高管人员有较高的要求，监管部门往往对高管人员的任职资格进行制度规定并实施审查，并对违规的高管实施禁业惩罚。这将影响经理人市场的竞争程度和在职经理的竞争压力。其次，与很多普通行业比，财产保险业的产品市场竞争也不激烈。由于保险产品需要特殊的精算技术，而且政府又对财产保险公司的成立，分支机构的设立以及保险产品等进行管制，使财产保险业的竞争受到限制，产品市场竞争机制的作用被削弱。再次，并购市场的管制也限制了接管威胁。对财产保险

① 李致宏，赵萍. 保险保障基金任建国：首度还原中华联合风险处置始末［N］. 21世纪经济报道，2016-04-19.

公司的入股，尤其是控股，政府监管部门都有特别的要求，必须经过监管部门的审批，这增加了接管的成本，加大了接管的难度，大大限制了市场中潜在的接管者数量，减少了接管威胁。

（六）高杠杆率对公司治理的影响

首先，高杠杆率使债权人参与公司治理的方式发生改变。在负债经营的情况下，股东和债权人之间收益和风险的分摊具有非对称性，股东存在通过资产替代、债权稀释、过度投资等方式向债权人转移风险的倾向。在公司面临财务困境的状况时，股东的这种道德风险行为发生的可能性更大（Jensen & Meckling，1976）。财产保险业具有更高的资产负债率，股东和债权人在收益和风险分摊上的不对称程度更大，而且保险合同是格式合同，作为主要债权人的保单持有人无法通过合同条款的修改来增加对股东的制约，再加上分散的保单持有者存在“搭便车”的动机，而且即便是保单持有人有参与治理的积极性，也无法掌握公司的信息，不具备专业技能。因此，债权人利益的保护成为公司治理的重要内容，债权人如何参与治理、维护自身利益也是一个特殊的公司治理问题。

其次，金融安全屏障和强大的外部性，使政府在公司治理中的地位发生改变。金融安全屏障提高了大股东和经营者采取冒险行为概率，使股东和债权人的利益冲突发生转变，产生了保险保障基金公司（公众利益代表）与大股东和经营者的利益冲突，强化了无保障债权人与大股东和经营者间的利益冲突，保单持有人与大股东和经营者间的利益冲突则被化解。政府的监管加强又会进一步引起利益冲突的变化，无保障债权人的监督激励也会弱化。因此，债权人与大股东和经营者的利益冲突转变为政府与大股东和经营者的冲突，政府在公司治理中的地位发生改变。

第二节　我国财产保险公司面临的人文环境

公司治理是由实实在在的经济人来执行的，每个人不可避免带有所处人文社会中的文化烙印、行为方式、思维模式以及决策习惯，都具有鲜明的地域环境特征。“橘生淮南则为橘，生于淮北则为枳”，很多在西方国家证明是成熟的公司治理结构拿到我们国家却未必有效，其实就是思维模式与人文思想的巨大差异所导致的。因此，财产保险公司所面临的人文环境对公司治理有重要影响。

荷兰文化学者吉尔特·霍弗斯特德采用以价值为基础的文化模式对各国文化进行研究，霍弗斯特德确认四个指标进行分析，一是权利距离指数（权距），反映成员接受不平等权利的程度。二是个人主义与集体主义指数，反映人与人之间偏好松散还是紧密的社会结构和人际关系。三是男权/阳性与女权/阴性指数，反映人们倾向于自信、取得成就还是谦逊的良好关系。四是不确定性规避指数，反映成员对不确定性和模糊性的容忍程度。以 2004 年数据计算，得到各国霍弗斯特德文化指数得分，如表 3-1 所示。

表 3-1　各国霍弗斯特德文化指数得分

	社会权距 PDI	个人主义 IDV	男权/阳性 MAC	不确定性规避 UAI
美国	40	91	62	46
日本	54	46	95	92
德国	35	67	66	65
韩国	60	18	39	85
捷克	57	58	57	74
中国	80	20	66	40

注：转引自中央财经大学学报，曲扬《公司治理模式与国家文化的关联性研究》。

从表 3-1 中可看出，美国的文化特征是崇尚个人主义，社会结构松散；社会权距较小，人们追求平等；容易接纳有差异的因素；人们注重成就感、英雄感。我国则是看重集体主义，社会结构紧密；社会权距较大；对不明因素反应弱；在一定程度上注重成就感、英雄感的相对阳性社会。历经几千年的社会发展，在道家思想、儒家文化的影响下，我国形成了独特的人文社会特征，支配着人们的行为。

一、整体性思维

我国传统思维方式是整体性思维，认为整体是由多个不同的个体按一定规律组合在一起的，只有组合在一起才能发挥部分乃至全部功能。因此，我们要以全面的、相互联系的视角看待各部分。《周易》的根本思想就是把宇宙看作由各部分相互联系而组成的动态开放的整体。《庄子·天下》中的“泛爱万物，天地一体也”“天人合一”的思想是我国传统思维的精华，无论是儒家还是道家，均从不同角度将人与自然视为一个有机整体，认为人是对自然地适应。西方文化则认为人与自然处于对立的斗争状态，认为人可以开发和利用自然资源，人可以征服和控制自然。

整体性思维使得人们非常善于从宏观角度去认识和把握事物的本质。但是，整体性思维具有模糊性导向，导致人们在认识和解决问题时会陷入困惑不清的境遇。西方思维方式则不同，以分析主义、原子主义和还原主义为主要思维方式，把世界分解得尽可能小，尽可能简单，对各成分形成准确的认识。因此，西方的思维方式更为具体、严谨。如在职工监事的设置上，我国从整体思维角度认为应将职工纳入监督主体，但却并没有细化具体的选拔、运作方式，使职工监事成为摆设。德国职工代表的选举则明确了高级管理人员不能参与的具体措施来保障选举的独立性。

二、集体主义观念

在整体性思维方式下，人与自然、社会是分不开的。在漫长的封建社会中，形成了完备的宗法制度和严密的专制制度，每个人具有多重角色，处于复杂的关系网络和等级结构中。人们希望自己与家族、社会融合，力图确立自身的社会定位，被动地接受与他人的关系，而非主动选择，在这样的背景下，个体价值淹没在群体之中。在公司治理中，这体现为注重合作、协同，强调公司整体利益及利益相关者群体的利益，而不是某一大股东的利益。

三、权力至上观念

在我国，自古就有“普天之下，莫非王土，率土之滨，莫非王臣”的说法，把君权推到至高无上的地位。集权观念下，人们形成了权力至上的文化。这表现为三个方面，一是强烈的功利意识。自奴隶社会以来，权力就与个人财富成正比关系，权力成为获取财富的主要手段。二是官本位思想。一切以官职论价值，想要获得某种利益，必须首先获得权力。由此形成人们对权力既仰慕又恐惧的矛盾心态。“在中国，一切社会资源都为权力体系所控制，任何个人和社会集团都无法离开这一体系而生存。在这种情况下，个人往往习惯于只服从权力，从而导致个人责任能力低下，整个社会缺乏理性和创造性生机，因而根本不去怀疑权力正当与否。”① 三是严格的等级制度，一级管一级，下级服从上级。权力至上观念在公司治理中，则体现为“一把手”文化，“一把手”就是公司的“王”，拥有绝对的权力，下级只是服从，制度的权威性丧失，在“一把手”面前成为摆设。因此，必须从权力的配置上强化监督的地位，只有

---

① 李锡海. 权力文化与腐败犯罪［J］. 山东社会科学，2007（1）：137.

不受“一把手”挟制的监督者才能真正发挥监督的作用。

四、重视劳动力的作用

劳动价值论是马克思主义的重要论断，自马克思主义进入中国以来，已历经近百年时间。中国共产党的创始与发展即是马克思主义在中国的实践。新中国成立后的三十年里，中国共产党坚持和传播、验证和实践劳动价值论，在人们心中已形成固有观念。改革开放以来，虽然在分配领域认可了要素分配理论，但并未否定劳动创造价值的基本观点。而且随着改革开放的推进，科技成为第一生产力，脑力劳动越发显示出其重要性。

五、情理意识大于法理意识

中国人虽然受儒家思想影响推崇“人性本善”，但更多地将其作为一种理想，并未认为是现实，因而有“害人之心不可有，防人之心不可无”的说法。可以看出，中国文化是一种信任程度较低的文化，中国人把信任龟缩在亲缘和私人关系范围之内，很难突破血缘和私人关系障碍而把信任扩展到一般人①。费孝通在《乡土中国》中认为，在差序格局中，社会关系是由单独的个人逐一联系推演的，是个人之间私人联系的叠加，社会是一根根私人联系所构成的网络②。正是由于信任来之不易，因此，大家更看重关系，为了维护关系，可以突破规则。这种文化容易造成董监高之间的合谋，监督与制衡失效，导致内部人控制。因此，我们必须将监督至于更高的地位，强调有实际操作性的监督机制。

第三节　我国财产保险公司的多元治理

一、交易风险与治理主体多元化

（一）基于交易风险承担的治理主体

新古典经济学简单地将企业视为投入产出的生产函数，从生产技术的角度理解企业，并从资本的稀缺性的角度提出企业的所有权属于资本所有者。新制度经济学家进入了企业内部，从交易的角度对企业进行了解构，将企业视为一

① 刘正才. 中国家文化与华人企业治理模式［D］. 上海：华东师范大学，2002：28.

② 费孝通. 乡土中国［M］. 上海：生活·读书·新知三联书店，1985.

系列契约的联结。詹森和麦克林认为“多数组织都是法律的虚构，其功能就是为完全契约与不完全契约个人之间的一组契约关系充当联结点，企业组织只是在这种契约关系联结框架下，各签约人追求个人利益行为的均衡”①。资源依赖理论表明“为了继续生存，一个组织必须照顾为其提供必须的和重要的资源的群体的要求……组织将（甚至应该）积极地响应环境中控制关键资源的组织或群体的要求”。（普费弗，1982）。因此，企业就是利益相关者提供资源，签订契约的联结点，其权力配置涉及利益相关者间形成的关系。

格罗兹曼和哈特建立不完全合同理论，将企业中的契约分为完备契约和不完备契约，进而将对企业的权利分为特定权利和剩余权利。特定权利是毫无风险、能完全确定的权利，剩余权利则是存在不确定性的权利，公司治理权的配置就是对剩余权利的配置。奈特在《风险、不确定性和利润》中用风险偏好的差异来分析资本家和工人之间权利的配置，提出用资本雇佣劳动、资本所有者是公司治理的主体的观点。由于资本家是风险中性者，工人是风险厌恶者，两者在交易过程中，工人会把风险转嫁给风险中性的资本家，以确保自己能获得更为固定的确定性工资；作为对风险承担的补偿，工人给予资本家风险佣金，资本家因为承担了风险，从而获得了面对不确定性的管理权威以及剩余索取权。威廉姆森以有限理性、机会主义为前提，以资产专用性、交易频率和交易环境的复杂性为交易维度，建立了交易成本理论的分析框架。威廉姆森认为，当资产拥有者投入的资产专用性程度越高，表明他越离不开该交易，因为一旦离开，价值将降低，因此就越受制于交易的另一方，暴露在更大的风险之中。另一方则可能采取机会主义行为，对专用性资产投入高的一方敲竹杠，损害其利益。当专用性资产投入高的一方在事前已意识到风险，则可能在事前采取措施进行规避，甚至放弃交易。在此基础上，格罗兹曼和哈特指出，投入的物质资产专用性程度高、流动性小、面临的风险最大，因此，应将剩余权利配置给投入资本的资本家。

弗里曼（1984）提出利益相关者的公司治理目标理论，认为任何一个企业的发展都离不开各利益相关者的投入或参与，公司追求的是利益相关者的整体利益，而不仅仅是某些主体的利益。弗里曼（1984）认为利益相关者是能够影响一个组织实现其目标，或者受到一个组织实现其目标过程影响的所有个

---

① 詹森，麦克林. 企业理论管理行为、代理成本与所有权结构［M］//陈郁. 所有权、控制权与激励—代理经济学文选. 上海：上海三联书店，上海人民出版社，1998：8.

体和群体①。张维迎论证了剩余控制权和剩余索取权的对称性安排是最优的公司治理结构。因此，公司治理主体应该是所有的利益相关者。

格罗兹曼和哈特的一元治理过于强调物质资本的专用性，忽视了人力资本等其他资产的专用性，存在片面性。弗里曼的利益相关者理论却认为影响公司或受到公司影响的所有个体和群体都应视为剩余权利的所有者，公司治理主体范围又过于宽泛，缺乏实际操作意义。但是，无论是资本所有者为主体的一元治理还是利益相关者为主体的多元治理，都将风险作为分析的重要变量。交易参与者风险的态度和风险承担影响了治理主体的确定，如果公司不存在不确定性，不存在风险，就不会有治理问题存在。

沈蕾（2012）提出风险管控治理说，将保险公司总体风险分为内生性风险和外生性风险，外生性风险指将公司面临的外部政治、经济、社会风险，内生性风险指公司利益相关者的机会主义行为导致的风险。沈蕾认为外生性风险与内生性风险存在互动关系，公司治理就是要激发利益相关者降低内生性风险的主观能动性，并对外生性风险进行管理。

股东至上的一元治理起源于传统的资本主义时代，利益相关者理论产生于20世纪60年代对股东利益至上理论的反思，尤其是在20世纪80年代英美国家兴起的敌意收购对公司及股东以外其他利益相关者造成的利益损害后。两者并非简单的对立，而是有相应不同的背景。因此，公司治理模式不存在一成不变的最优模式，而应该是一种基于权变的相机治理模式。一元还是多元利益相关者成为治理主体取决于公司面临的内生性风险的大小。合同不完备，投入资产的专用性强，承担的风险大，他们就会有动力参与到治理中。另外，公司需要在事前的制度中赋予利益相关者一定的治理权，以防止他们在事前“脚投票”。

财产保险公司是经营风险的特殊企业，保险事故的发生具有随机性，损失程度具有不确定性，理赔环节复杂，资金投资风险大。这些风险会增大财产保险公司利益相关者收益的不确定性。风险与收益对等，公司经营的高风险性也意味高收益性，为了更高的收益，利益相关者会有更强的冒险冲动。虽然对公司整体而言，风险和收益对等，但对于不同的利益相关者，风险和收益的分配又往往是非对称的，因此，这会增强利益相关者的机会主义冲动，使另一些相关者暴露在更大风险之中。例如，在高杠杆率情况下，股东和债权人之间风险

① R. E. Freeman. A Stakeholder Approach to Strategic Management [J]. Analysis, 1984, 1 (01): 279.

和收益的非对称性很强，股东就更愿意处理公司经营风险性高的业务，但债权人更愿意处理公司经营风险性低的业务，如果控制权仅由股东持有，股东就会主导公司冒险经营高风险业务。再如为财产保险公司提供再保险业务的再保险集团，财产保险公司可能会从事更高风险的业务，而将风险以再保险的方式转嫁给再保险集团。

由于财产保险公司具有风险积聚性，因此不仅其股东面临经营者机会主义行为的风险，其他利益相关者也会面临更大程度的风险，因此，剩余权利不能仅配置给股东，还应配置给其他利益相关者。是否成为公司治理主体应该以公司所面临的交易风险来决定。交易风险指实际收益与预期收益产生差异的风险，风险越大就其越应该成为公司治理主体。

（二）治理主体的分类

财产保险公司治理主体是在交易中承担风险的利益相关者，利益相关者概念起源于20世纪60年代，Blair（1995）定义利益相关者是“所有向企业贡献了专用性资产，以及作为既成结果已经处于风险投资状况的个人或团体”。对利益相关者的界定和分类国内外有多种观点。Wheeler（1998）界定了一个极为广泛的利益相关者范围，并将社会性维度引入分类之中，界定了四类利益相关者，即主要的社会利益相关者、次要的社会利益相关者、主要的非社会利益相关者以及次要的非社会利益相关者，具体如图3-1所示。

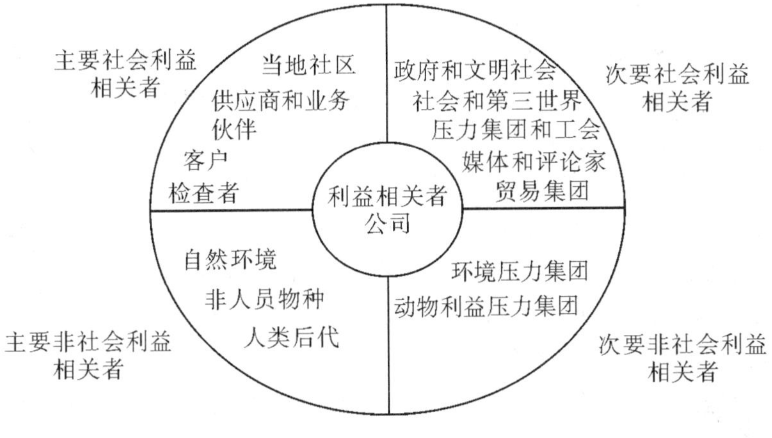

图3-1　威勒利益相关者分类

资料来源：①Wheeler D.，Maria S. Inchading the stakeholders：the business case [J]. Long Range Planning，1998，31（2）：201-210.

②威勒，西兰琶．利益相关者公司：利益相关者价值最大化之蓝图［M］．张丽华，译．北京：经济管理出版社，2002：9.

Clarkson（1994）提出根据利益相关者在公司经营中承担的风险来分类，将利益相关者分为自愿性相关者和非自愿性相关者。自愿性相关者指向公司投入资产、主动地承担风险的利益相关者；非自愿相关者是指在公司经营过程中被动地承担风险的相关者。根据在与公司的关联中承担风险程度的不同，Clarkson（1995）还将利益相关者分为首要的相关者和次要的相关者。陈宏辉和贾生华（2004）则从主动性、重要性和紧急性三个维度将利益相关者分为三类，第一类是核心利益相关者，与公司关系紧密，是不可或缺的关联者，如股东、雇员等。第二类是潜在利益相关者，这些关联者已经和公司建立密切关系，在公司正常经营的情况下，表现为显性契约关系，有较为完备的合同，能按照合同保障自身权益，但一旦公司经营不善，其利益可能遭受损失时，就会活跃起来，直接影响公司的经营，如债权人、供应商、政府等。第三类是边缘利益相关者，是那些与公司关联程度低，对掌握公司控制权没有紧迫性的相关者，如媒体、公益组织等。

从三位学者的分类可看出，作为社会体系的一个组织，公司无时无刻不与外界发生关联，而且范围极为广泛。但是，在众多关联者中，有的关联是紧密的，有的关联却很松散。参与治理的主体越多，协调的可能性就越小，集体决策的成本就越大。因此，借鉴 Clarkson 的风险分类法和陈宏辉的三分类法，我们将两者结合起来进行分析，从契约类型和承担风险的角度对财产保险公司治理主体做如下分类。

第一类，核心治理主体。利益相关者主动投入资产，与公司签订的合同极其不完备，面临很高的不确定性，相关者投入资产的专用性程度高，承担很高的交易风险，如股东和雇员，雇员的报酬是不确定的，随公司薪酬政策变化，也随公司经营状况变化，人力资本的专用性程度也很高。

第二类，重要交易型治理主体。利益相关者并非主动投入资产、承担风险，而是在交易中被动地承担风险。与公司签订的合同较为完备，对收益时间和金额有明确约定，如合同能执行，则能获得预期的收益。但是，由于财产保险公司经营的特殊性，或合同执行期限较长，因此合同不被严格履行的风险很高，所以这类利益相关者承担着很高的风险，如债权人、保单持有者。由于财产保险公司资产负债率很高，在收益与风险非对称分布的情况下，股东有从事高风险业务的冲动，如果这导致了公司偿付能力不足或破产，债权人的本金和利息就无法按照合同执行。

第三类，次要交易型治理主体。利益相关者也并非主动投入资产、承担风险，而是在交易中被动地承担风险。与公司签订的合同也较为完备，对双方权利义务的约定较为明确，严格执行合同就能获得预期收益。在公司经营不正常时，利益相关者也会面临合同不能严格执行的风险，但由于交易期限较短，其能随时获取信息而改变交易方式，所以合同不被严格执行的风险相对较小。但是，一旦发生损失，利益相关者也会采取积极行动来干预公司经营。这一类利益相关者有再保险集团、保险公估人等。

第四类，重要公共契约型治理主体。这一类利益相关者与公司没有市场交易类型的契约，而是一种公共行政性的契约。契约内容可能较为宽泛，不够明确，但两者的关联关系密切，一旦公共契约不能很好地履行，将面临很大的风险。财产保险公司有很大的外部效应，如果经营好，能产生正效应，经营不好则会产生负效应。因此财产保险公司在获取保险业务经营许可证和工商行政登记时，实际上与政府形成一个公共契约，政府同意公司设立，让公司分享社会环境资源，是因为预期财产保险公司能为社会做贡献，发挥保险的功能和作用。政府从财产保险公司的经营中获得的收益是不确定的，而且由于财产保险行业属于风险较高的行业，股东或公司经营者也容易只顾自己的收益而忽视社会责任，使政府面临较大的风险。

第五类，次要公共契约型治理主体。公司与这一类主体也是行政型契约或无须单独签订而直接接受行政管理。这一类型的契约规定较为明确，便于执行，且有行政权威作保障，能在过程中及时监控，风险相对较小。但公司经营出现异常时，也同样会面临风险。有的主体虽然没有清晰的规定，但与公司的关系并不密切，虽然也面临风险，但受影响较小，如社区与公司的门前三包等规定。

其他与公司没有市场交易契约以及公共契约关系的利益相关者，以及威勒的分类中提及的竞争对手、媒体、自然环境、动植物保护组织、公益组织等，虽也与公司发生关联，会受到公司影响，面临风险，但过于松散，直接风险极小，应不予考虑。同时，在公司经营中，内外情况的变化，将引起内生性风险的变化，利益相关者与公司间的关系会随之变化，治理主体的身份也会有所变化。

二、多元治理主体的利益冲突与协调

新制度经济学从交易的角度分析了契约的不完备性带来的交易成本是企业与市场互相替代的原因，指出节约交易成本是企业的性质。但是对于企业的本质，新制度经济学过于强调交易性，忽视了企业的生产性，存在片面性。利益相关者投入各种资源后，在治理权威和管理权威下，进行二次配置，使各种资源以更为有效的方式组合，创造新的财富。利益相关者之所以愿意将资源投入企业，是因为能在企业所创造的财富中分配自己的所得，增加自己的财富。为了使自己所获得的收益不低于预期收益，利益相关者就必须对生产过程进行监督和控制。因此，利益相关者参与治理并成为治理主体的动力在于其利益要求。

（一）治理主体的利益要求

1. 股东的利益要求

股东是核心治理主体，其投入的资本是公司经营的基础，股东与公司签订的是很不完备的合同，合同没有约定股东的具体收益。股东的显性利益要求就是投入的资本保值增值，获得预期的甚至更高的高额利润，有更大的剩余权利，更小的剩余风险。隐性利益要求是公司的持续健康发展。对于中小股东，其可能存在“搭便车”的心理，仅要求资本保值增值，其他利益要求较少。

2. 雇员的利益要求

雇员也是核心治理主体，雇员投入的劳动力是财产保险公司经营的必需要素，资本和劳动的结合是公司经营的起点，在此基础上才能进行借贷、采购、销售等一系列经营活动，才能创造价值。雇员的显性利益要求是保持稳定的工作，获得丰厚的报酬。根据雇员所投入人力资本特性的不同，雇员可分为以下两类。

一类是关键管理人员，包括董事、监事、高管等，关键管理人员拥有异质性人力资本，具有规模报酬递增的特点，在公司财富创造中发挥着重要的作用，要求获得更高额的报酬。关键管理人员与公司关系又更为紧密，其劳动力的专用性又很强，面临的风险更大，要求获得管理监督权力。因此，关键管理人员的显性利益要求是获得职位和高额薪资报酬，分享剩余收益。隐性利益要求是管理权力，自己的声誉、地位，进而会追求公司的持续发展并不断扩张到更大的规模。

另一类是普通职工，包括除关键管理人员之外的各层级干部、职工，普通职工拥有同质性人力资本，具有规模报酬递减性，在公司财富创造中发挥的作用相对更小，劳动力的专用性程度也较低。普通职工的显性利益要求是稳定的工作和达到预期或更高的薪资报酬，以及福利待遇。隐性利益要求是有晋升的机会、深造学习的机会、工作得到认可、自我价值得到实现，以及享有监督和参与管理的权利，分享公司利润，以及公司的可持续发展。

3. 债权人的利益要求

财产保险公司的债权人可以分为两类。

一类是普通债权人，与其他公司的债权人相同，债权人与公司签订债权协议，约定偿还本金的时间以及获取收益的时间和金额，并且约定了抵押担保。在正常情况下，普通债权人可以按照合同约定获得收益。因此，普通债权人的显性利益要求就是按时收回本金和利息以及在公司破产时收回本金和利息。隐性利益要求是公司的持续健康发展以及获得一定的参与管理权，降低不能收回本金利息及抵押物灭失的风险。

另一类是次级债债权人，保险公司次级债指保险公司经批准定向募集的、期限在5年以上（含5年），本金和利息的清偿顺序列于保单责任和其他负债之后、先于保险公司股权资本的保险公司债务。目前，次级债是弥补资本金不足的重要手段，世界各国都以一定比例折算后认可为附属资本，计算到财产保险公司的偿付能力中。我国财产保险公司普遍存在资本金不足的问题，补充资本金的渠道又非常有限，除人保、平安等极少数公司可以通过海外上市筹集部分资本金外，其他公司只能通过现有股东增资或吸引外资等私募方式增加资本金，但这些方式存在时间长、成本高的问题。因此，我国保监会于2011年下发保险公司次级债管理办法，同意符合条件的保险公司发行次级债。次级债合同对本金、期限、利息均有明确，但次级债没有抵押物，本金和利息清偿顺序处于其他所有债务之后，面临的风险很大。因此，次级债债权人的显性利益要求是本金和利息能按期收回。隐性利益要求是公司持续发展，获得监督管理权，降低不能按时清偿本金和利息的风险。

4. 保单持有人的利益要求

保单持有人先交保费后享受服务，具有双重分身，既是保险产品的消费者，又是一类特殊的债权人。保单持有人与公司签订保险合同缴纳保费后，出现保险事故，可依据合同获得足额赔付。因此，保单持有人的显性利益要求是能获得保险合同所约定的足额赔付。由于保险公司杠杆率很高，保单持有人面临的风险更大，因此其希望获得参与公司管理的权利，以及公司持续发展。但是，由于保单持有人较为分散，有的个体存在“搭便车”行为，利益要求没有十分全面。

5. 政府的利益要求

财产保险公司与政府是公共契约关系，也相当于政府给予了财产保险公司特许经营权，两者形成较为密切的关系。政府的显性利益要求是获得高额的税收收入，隐性利益要求是公司持续健康发展，为社会解决就业问题，发挥资金融通、损失补偿和参与社会管理等功能作用，使各利益相关者利益平衡，社会稳定和谐。

6. 再保险集团的利益要求

再保险集团为财产保险公司提供再保险业务。再保险集团与公司签订较为完备的再保险合同，一旦财产保险公司所承包业务发生赔偿责任时，在保险公司必须及时足额按所承担的责任向财产保险公司支付赔款。与人身保险不同，财产保险业务可能出现单笔保额非常大的业务，通过再保险方式转移风险是必需的手段。再保险集团的显性利益要求是按照再保险合同分得保费，分摊分保费用和分摊分保赔款，并能持续保持业务合作关系。由于财产保险公司作为分保人，掌握着更多的信息，在与再保险集团的合作中可能存在机会主义，将高风险业务分给再保险集团，低风险业务留给自己，或是多分赔款和费用给再保险集团，因此，再保险集团的隐性利益要求是参与治理以及财产保险公司持续发展，以利于形成长期的合作关系。

7. 公估人、代理人、经纪人及维修厂的利益要求

财产保险公估人、代理人和经纪人属于保险中介机构，为公司提供中介服务。在服务中都签订较为完备的合同，他们的显性利益要求就是合同得到履行，获得最大的收入、定期收回应收款项，持续稳定地合作。隐性利益要求是公司持续发展，并增加其对公司的控制力，能与公司长期合作。

8. 社区的利益要求

社区为公司提供经营场所和环境，良好的认知及人文环境是公司良好发展的必要条件。社区的显性利益要求是提升社区经济状况，解决社区人员就业，提升社区卫生环境、社区品味等，隐性利益要求是公司持续发展。

（二）治理主体的利益冲突

多元治理主体的总体目标是一致的，即财产保险公司的持续健康发展，因为以此为载体，才能实现各自的长期利益。一般情况下，财产保险公司只能获得平均利润，不能获得超额利润，不能给予所有治理主体超过其预期收益的利润，总有治理主体的实际收益会低于其预期收益，而且，即便是公司获得了超额利润，也不可能使分配给每一位治理主体的份额都能超过其预期。因此，治理主体间的利益冲突是必然的。财产保险业存在以下主要冲突：

1. 股东之间的冲突

控股股东投入资本比例大、资产专用性强、风险大，因此，控股股东要求更大的治理权，其他股东则因为持股比例小，有“搭便车”行为。因此，控股股东和其他股东就容易产生利益冲突，控股股东可能会利用控制权而采取“掘遂行为”，侵害小股东利益，小股东的“搭便车”就是在侵占控股股东付出治理成本所获得的收益。

2. 股东和雇员之间的冲突

股东将资本交予雇员，由雇员实际掌握着日常控制权。雇员尤其是关键管理人员，可能会偏离股东目标而增加自己的在职消费、薪资报酬等收益，损害股东的利益。股东可能会增加考核的难度，实施更严格的约束措施来抑制雇员的利益。

3. 股东和债权人之间的冲突

在财产保险公司资产负债率较高的情况下，股东有冒险冲动，会采取冒险行为并将风险转嫁给债权人，使债权人处于无法收回本金和利息的风险之中。

4. 雇员之间的冲突

雇员之间主要是关键管理人员和普通职工之间的冲突，关键管理人员决定职工的岗位、升迁和薪酬。为了有更好的业绩指标，关键管理人员可能会通过压缩工资来降低成本，损害职工利益。职工则可能会对关键管理人员实施监督，采取职工代表大会的方式或个体举报等方式来影响关键管理人员的收益。

5. 公司和再保险集团、公估中介、代理人、保单持有人之间的冲突

公司和这些主体是业务伙伴关系，但是，在业务合作过程中，可能会存在相互倾轧的情况，供应方不提供良好的服务，财产保险公司又不及时支付款项。尤其是那些长期合作的中介代理机构和汽车维修 4S 店，凭借长期合作关系形成专用型更高的资产投入，导致被另一方所牵制，如财产保险公司对汽车维修站的维修压价。公司也可能会在理赔时降低服务质量，压低赔款金额，损害保单持有人利益。

6. 公司和政府、社区之间的冲突

财产保险公司的偷税、漏税行为，搞垄断，或是只追求利润而压低赔付等行为将影响政府和社区利益。反之，政府又可能以行政干预公司经营，要求从大局出发做一些按保险合同不属于理赔范围的赔付或捐赠，或是借助行政权威制定一些不利于公司的政策制度。

（三）公司治理是多元主体利益冲突的协调机制

治理主体间的利益冲突纷繁复杂，相互交织。在财产保险公司这个系统内，治理主体在通过治理方式和途径实现其自身利益的过程中会产生冲突，形成非平衡态势，然后通过竞争与协同，形成有效制衡力，支配各要素有序运转，实现公司的熵减。公司治理就是采用董事会、监事会、激励约束、信息披露以及外部市场等多种内外治理机制，对多元治理主体利益冲突进行协调，实现财产保险公司财富价值最大化，进而实现各治理主体的利益。

第四节 多元治理主体的治理方式与实现途径

多纳德逊曾指出，“列出一个大公司的每一个可能有资格作为利益相关者的人，造成的结果往往是把具有极不相同的要求和目标的相互交接的群体混在一起”①。由于目标的不同，治理主体参与治理的方式和途径也不同，必须匹配适宜的治理方式，才能在共同治理中发挥有效的作用。

一、确定治理方式的原则

首先，有利于各类治理主体利益的有效实现。财产保险公司的治理主体较多，相互之间既有利益一致性，又有不同程度的利益冲突。不同的治理主体与公司的关系不同，公司必须用不同的方式来保证所有治理主体利益都能得到有效保护。核心治理主体和交易型治理主体利益要求不同，与公司间的关系不同，需要不同的治理方式。重要交易型治理主体和次要交易型治理主体与公司间的紧密程度、相互影响程度、承担风险的程度也有所不同，参与治理的方式也会相应不同。无论采用何种方式，都应使得对公司进行专用性投资的治理主体能避免其准租金被机会主义行为剥夺，在实现公司财富价值最大化的前提下保证各类治理主体利益。其次，治理成本较低。治理成本包括交易成本、监控成本、机会主义成本、集体决策成本等，因此公司在选择治理方式时，应使治理成本最低，使治理收益能弥补治理方式带来的成本。

二、不同类型的治理方式

根据治理主体与公司间的关系，我们可将公司治理主体参与治理的方式分为内部参与型治理、外部交易型治理和公共管制型治理。

1. 内部参与型治理

内部参与型治理是通过公司内部的专门机构如股东大会、董事会、监事会、职工代表大会等来影响公司的决策，参与公司治理。这种方式主要发生在公司内部，通过公司对职位所赋予的权力来积极主动地实施治理，依赖于公司内部的权威机制来实现。内部参与型治理有直接性、主动性的特点。随着内部

---

① 多纳德逊，邓非．有约束力的关系——对企业伦理学的一种社会契约论的研究［M］．赵月瑟，译．上海：上海社会科学院出版社，2001.

治理参与者的增加，内部交易成本也会增加。根据边际分析，内部治理主体的增加带来的收益与增加的交易成本相等时，就是参与内部治理的主体的最佳维度。财产保险公司的核心治理主体——股东和雇员，与公司的契约具有较强的不完全性，在利益上和风险承担上与公司有高度的一致性，可以通过参与内部参与型治理来保障自身利益。

2. 外部交易型治理

外部交易型治理是通过市场交易方式，与公司签订了较为明确的交易合同，以严格执行合同及采用仲裁、法律等手段保障合同执行的治理参与方式。这类交易合同较为完全，约定的事项更为具体、明确，只要按照合同执行就能保障参与者权益。例如，代理人和公司签订保险代理合同，在合同上都能明确约定代理人完成多少保险业务，财产保险公司何时、以多大的比率计算应支付的代理费。代理人不需要进入公司内部，可以用职权影响公司决策。

3. 公共管制型治理

政府、社区等利益相关者与公司不是平等的法律主体，没有平等的交易性契约，而是以行政强制力的方式来参与治理。在通常情况下，政府并不直接参与公司的治理，而是通过宏观经济政策、货币金融政策进行宏观调控，从产业政策、资本市场进行政策干预。政府也以法律、法规、行业管理等具有强制性的方式来约束公司的行为。社区则主要通过行政手段或法律等手段来参与公司的治理。公共管制型治理具有间接性、滞后性、强制性的特点。

内部参与型治理有直接、及时、权威的特点，外部交易型治理有被动、滞后的特点，公共管制型治理有被动、滞后、强制的特点。三种治理方式都有各自的特点，治理主体采取哪种方式参与公司治理，要根据与公司间的显性与隐性契约关系来确定。在通常情况下，与公司关系紧密、投入资产专用性强、承担风险大的治理主体应采用内部参与型治理方式；与公司关系不够紧密、合同较为完备、投入资产专用性相对较低、承担风险相对较小的治理主体应采用外部市场交易型治理方式。政府、社区等则应采用公共管制型治理方式。但是，三种方式不是完全割裂的，而是相互联系、有机结合的。当外部交易型治理的主体与公司长期利益相关，且不确定性增强时，其也可能会进入公司，采取内部参与型治理方式。债权人在风险小、有充分担保保障时，一般会采取外部市场交易型治理方式；但是，一旦缺乏担保抵押，或者股东有冒险冲动，将风险留给债权人时，债权人就会介入公司的内部治理中。采用何种参与治理的方式关键在于其对公司的影响程度有多大或在多大程度上受到公司的影响，程度越高就越需要采取内部参与型治理方式，利用职位权力积极主动地实施治理；反之，则只需要采取外部治理方式实施治理。

三、多元治理主体实现治理的途径

1. 内部参与型治理的实施途径

内部参与型治理就是委派人员进入董事会、监事会，利用权威机制，参与公司决策和对管理层进行监督，进而影响公司的经营，以此来维护自身利益。

2. 外部交易型治理的实施途径

外部交易型治理的实施途径主要有：①资信调查。无论是事前还是事中，资信调查都可以加强对财产保险公司的调查了解，尽可能地充分掌握信息，尽早防范可能出现的风险。②诚意合作，建立互信，形成长期合作关系，降低博弈成本。③保持自身良好的声誉形象，展示正面形象，降低财产保险公司的考察评判成本。④借助法律手段，一旦出现风险时，积极采取法律诉讼手段来维护自身权益。⑤参与破产清算，当财产保险公司因经营不善而最终走向破产时，积极参加清算组。

3. 公共管制型治理的实施途径

公共管制型治理的实施途径主要是运用经济、行政以及法律手段，通过国家强制力来实施。例如，以税收手段获取税收收入；以制定法律法规的方式对公司的设立、股东的身份进行规定，约束财产保险公司及相关治理主体的行为；以银保监会行政监管的方式实施监管，对财产保险公司进行检查、处罚。

第五节　我国财产保险公司内主外辅的治理模式

公司治理分为外部治理和内部治理，美国财产保险公司以外部治理为主导，德国和日本的财产保险公司则是以内部治理为主导，随着经济全球化的发展，两种模式也出现了趋同的趋势。但具体采用哪种模式，总是和公司内部情况和所处的环境相关。我国财产保险公司面临以下外部环境，导致外部治理机制不足，只能采用以内部治理为主、外部治理为辅的治理模式。

一、外部股权资本市场环境不发达

目前我国股权资本市场有交易所市场和场外交易市场。交易所市场包括主板市场、中小板市场和创业板市场，场外交易市场包括全国中小企业股份系统（新三板）和区域股权交易中心（四板市场）。主板市场主要定位于大型、成熟企业，中小板市场定位传统行业的中小企业，创业板定位于“两高六新”（成长性高、科技含量高、新经济、新服务、新农业、新材料、新能源和新商业模式特征）企业。新三板定位于创新型、创业型、成长型的中小微企业，发挥主板和创业板的“孵化器”和“蓄水池”作用，为拟上市企业提供前期融资、估值、股权流动和企业展示平台。区域股权交易中心致力于中小微企业的培育和规范，作为小微企业的融资中心，同时延伸资本市场中介服务功能。2018 年年末，新三板共有挂牌公司 10 691 家，总市值为 3.45 万亿元；区域性股权市场 35 家，挂牌企业 2 万家。截至 2019 年年底，A 股公司总数达 3 777 家，总市值超过 59 万亿；总体来看，我国股权资本市场取得了较大发展。但是，成熟发达的股权资本市场是建立在成熟的市场经济体制下，我国由计划经济转轨市场经济，市场经济体制还不够完善，因此，我国股权资本市场也还处于初步建立阶段，有很多不完善的地方。我国股权资本市场存在以下特点：

（一）市场有效性低

目前，我国股权资本市场有效性较低。谷晶（2010）以 2006—2008 年每个交易日的沪深 300 指数日收益率为样本数据进行实证检验，发现“我国 A 股市场处于弱势有效的状态，且对股价的变动还存在一定程度的过度反应”①。朱瑞（2018）选取 2005 年 1 月 5 日至 2017 年 11 月 20 日的沪深 300 指数的日对数收益率，基于随机游走的模型进行游程检验，对我国沪深两市有效性实证检验的结果显示，我国沪深两个股票市场为弱式有效。一方面，政府干预过多，造成价格扭曲。我国资本市场是在政府的主导下，“自上而下”地发展起来的。政府从市场设计、交易品种的决定、日常监管与执法等多方面介入，必要时还直接采用政府购入的方式干预市场，如 2015 年 A 股市场的政府救市。这与国外政府主要负责打击资本市场违法犯罪、保护投资者合法权益与防范系统性风险的宗旨有所区别。另一方面，市场结构散户化加剧“羊群效应”。与成熟市场以机构投资者为主相比，我国主板（含中小板）和创业板构成的场内市场个人投资者过多，机构投资者少。规模小型化、投资散户化特征明显，如 2015 年初至 2015 年 3 月 19 日，沪深两市成交额 6 446 亿元，其中个人投资者占 90%左右②。散户主导的市场相对容易情绪化，缺乏对公司基本面的理性分析，使股价与公司基本面存在一定程度的背离。

---

① 谷晶. A 股市场的有效性研究［J］. 现代管理科学，2010（10）：115.

② 中国总会计师编辑部. 我国多层次资本市场建设的现状和面临的突出问题［J］. 中国总会计师，2016（3）：11-13.

（二）市场流动性差

新三板虽然挂牌公司数量多，但交易量小、流动性很差。根据股转系统2013年出台的《投资者适当性管理细则（试行）》，投资者基本都是机构投资者和500万以上的个人，投资者门槛高，参与者数量少。新三板信息披露的要求不及主板市场严格，投资者获取信息的成本较高，参与意愿较低。做市商数量不足，制度不健全，也降低了交易积极性。2016年，新三板市场总成交量为363.92亿股，成交金额1 912.29亿元，其中做市转让成交金额为950.07亿元，占比49.68%，做市转让成交占比相较去年明显下降①。2018年新三板交易金额为888.01亿元，2019年仅825.69亿元，出现明显下降。区域股权交易中心必须严格执行“不得采取集中竞价、做市商等集中交易方式进行交易；不得将权益按照标准化交易单位持续挂牌交易，任何投资者买入后卖出或卖出后买入同一交易品种的时间间隔不得少于5个交易日；权益持有人累计不得超过200人”的要求。区域股权交易中心由各地成立，地域限制明显，影响了市场的交易性。

（三）挂牌上市难度大

目前主板和创业板实行上市核准制，从前期审核到最终审批都要经过中华人民共和国证券监督委员会（以下简称“证监会”）审批。首先，对上市公司有严格的要求，对经营年限，盈利、资产、股本，上市公众持股比例，公司治理结构、实际控制人、关键管理人员等都有较为严格的要求。其次，监管机构对市场的行政化管理较为普遍，对股票发行的节奏、定价、散户和大户之间的分配方案等都加以管控。近年来股票市场IPO多次被叫停，大量公司长时间不能过会发行。

股权资本市场在公司治理上的功能主要体现为价格反映功能和控制权接管功能。股权资本市场的价格能提供综合性和动态性的信号，投资者通过参与出价的方式，将所掌握的关于公司经营发展的信息反映到价格之中。同时，投资者又通过市场价格来获取广泛的信息，作出自己的投资决策。资本市场的价格反映功能降低了投资者获取信息的成本，投资者只要观察股价就可以得到市场参与者对公司经营前景和管理层经营水平的评价。这就降低了对管理层监督的成本，给管理层形成压力，增强监督的有效性，提高公司治理水平。控制权一旦被接管，关键管理人员都面临被替换的局面，这一方面能促进管理层更加努

① 同花顺财经. 挂牌超万家市值4万亿 这就是2016年的新三板［EB/OL］.（2016-08-31）［2020-09-10］. www. master. 10jqka. com. cn.

力，另一方面已替换的管理人员也能使公司回归正常的发展轨道。当前我国股权资本市场有效性低、流动性差，使价格反映功能和控制权接管功能不能有效运转，无法有效发挥公司治理的作用。挂牌上市难度较大，很多财产保险公司不符合上市要求。更由于有的投资者将保险公司作为融资平台，而非为了从事保险业，迫使银保监会做出次优选择，在 2018 年 3 月的《保险公司股权管理办法（征求意见稿）》中将保险公司股东按持股比例分为四类，分别做出资质要求，并规定“投资人自成为控制类股东之日起五年内不得转让所持有的股权，自成为战略类股东之日起三年内不得转让所持有的股权，自成为财务Ⅱ类股东之日起二年内不得转让所持有的股权，自成为财务Ⅰ类股东之日起一年内不得转让所持有的股权”①。因此，我国不能像美国那样发挥外部股权资本市场在公司治理中的主导作用。

二、市场治理机制受保险监管抑制

财产保险公司有特殊的金融风险屏障，又受到严格的保险监管，这使市场治理机制的作用受到抑制。

（一）经理人市场治理机制

经理人市场可以对现任经理人提供竞争替代，迫使现任经理人努力工作，降低代理成本。经理人市场也提供一个声誉发挥作用的机制。在经理人市场中，职业经理人可以为自己树立良好的声誉，为自己争取更好的选聘机会。经理人市场也为公司治理主体提供一个激励和考核评价经理人的机制，从而为确定薪酬提供参考依据。

财产保险公司的经理人在公司的财富创造中发挥着重要作用。由于经理人实际控制着公司的经营，银保监会对经理人的选聘作了严格的监管约束。1999 年中国保监会就首次制定了《保险机构高级管理人员任职资格管理暂行规定》对保险公司高级管理人员的任职进行管控，随后进行了多次修订。目前银保监会关于财产保险公司高级管理人员的相关规定有：经多次修订后的《保险公司董事、监事和高级管理人员任职资格管理规定》（2014），要求保险公司董事长应当具有金融工作 5 年以上或者经济工作 10 年以上工作经历；董事和监事应当具有 5 年以上与履行职责相适应的工作经历；总经理、副总经理和总经理助理应当具有大学本科以上学历或者学士以上学位且从事金融工作 8 年以上

① 保监会. 保险公司股权管理办法（第五十条）[EB/OL].（2018-03-02）[2020-09-30]. http. cbirc. gov. cn/cn/view/pages/govermentDetail. html? docid=2729989sitemid=880isgeneralfyfe=1.

或者经济工作10年以上；总经理除应具备前述要求外，还应担任保险公司分公司总经理以上职务高级管理人员5年以上或担任保险公司部门负责人5年以上，或担任金融监管机构相当管理职务5年以上。《保险机构董事、监事和高级管理人员任职资格考试管理暂行办法》（2016）规定拟任保险机构董事、监事和高级管理人员必须在申请资格前通过任职资格考试。考试未通过人员可以申请补考，每人每年补考不得超过2次。而且该办法把岗位进行细分，分为董事、监事、总经理（副总经理、总经理助理）、董事会秘书、合规负责人、总精算师等10类，不同岗位类别的考题也不同。这无疑增加了考试的难度，减少了具备董事、监事和高管资格的后备人数，将很多虽有丰富实践经验但理论知识不具备的人挡在门外。《关于规范保险机构董事、监事和高级管理人员任职资格考试工作的实施方案》（2015）对考试工作的组织进行规范，强化集中考试、考审分离，提高了考试的严肃性。《保险公司董事及高级管理人员审计管理办法》（2010）要求保险公司应当制订董事及高级管理人员任中审计年度计划，对高管人员实施任中审计的间隔时间不得超过三年，离任审计要求实行先审计后离任的原则，应当由董事会负责选聘外部审计机构实施审计，董事会审计委员会应当对外部审计机构的独立性出具书面意见。以上规定不仅适用于董事、监事和高管，还适用于审计责任人、精算责任人、财务责任人、合规负责人以及分公司、中心支公司总经理、副总经理和总经理助理以及支公司、营业部经理。

银保监会对保险公司高级管理人员的严格要求有利于提高高管队伍素质，提升整个保险行业经营能力，进行离任审计也为经理人市场提供了可信度高的信号。但是这也限制了经理人市场的人员数量，影响了经理人市场的建立，降低了经理人市场的竞争程度。

另外，财产保险公司所面临的经理人市场不健全，流通渠道也不畅。作为高端人才中介的猎头公司发展不足，不具备挖掘高端人才的能力，使供需双方缺乏对接渠道。经理人的选聘还受到商业环境、社会文化的阻碍，我国社会本质上是“乡土社会”，人们倾向于信任有血缘关系或彼此熟悉的人，对其他人信任程度低，这不仅体现在选聘者，经理人选择公司也往往受与聘任者的关系的影响。目前，我国财产保险行业的高管甚至包括分支机构的高端人才，基本上都是通过熟人引荐的，纯粹由猎头挖掘成功的很少。

总体上看，我国整体的经理人市场尚处于初级阶段，银保监会又对财产保险公司经理人做出了严格要求，使得当前我国财产保险公司的外部经理人市场机制发挥的作用较为有限。

（二）产品市场治理机制

产品市场的竞争能给公司治理提供充分的信息，公司通过对比竞争对手的业绩来衡量自己的业绩水平，能够更加充分地显示管理层的经营能力和工作的敬业程度，可以提高监督的信息透明度，也能促进管理层更加努力地实现公司目标，降低代理成本。产品市场竞争也对破产清算形成威胁，一旦公司经营不善，就会面临破产清算或被接管，管理层面临被替换的风险，因此，管理层不得不努力工作，提高公司竞争能力，提升公司业绩。我国财产保险业发展还处于初级阶段，产品市场竞争并不充分，而且也受到银保监会的严格管制，这使产品市场治理机制的作用更为有限。

银保监会对财产保险公司的准入有严格的限制，无论是总公司还是分支机构，都有相应的要求。我国保险法规定，设立财产保险公司应当经国务院保险监督管理机构批准，主要股东具有持续盈利能力，信誉良好，最近三年内无重大违法违规记录，净资产不低于2亿元；财产保险公司注册资本的最低限额为2亿元。银保监会制定的《保险公司管理规定》要求财产保险公司以2亿元人民币的最低资本金额设立的，在其住所地以外的每一省、自治区、直辖市首次申请设立分公司，应当增加不少于2 000万元的注册资本。截至2019年，我国内地财产保险业历经几十年发展，也仅有89家竞争主体，而香港特别行政区在2013年就有111家财产保险公司。

财产保险公司的保险产品同质化程度高、创新不足，也使市场竞争的广度和深度不足。1995年《保险法》规定保险险种条款和费率由保险监督机构制定。2009年保险法修订后进行适当放松，由原来的保监会制定、批准改为报备，保监会对已报备执行的产品实行严格监管。与人寿保险产品不同，财产保险产品模仿性强，同质化严重，因此，财产保险业的竞争虽然也很激烈，但多是仅限于同质化的恶性竞争状态。

（三）控制权市场治理机制

控制权市场治理机制的作用在于，只要公司的业绩因管理效率的低下而表现不佳，就会面临被接管的风险，一旦被接管，管理层就会被替换①。因此，有效的控制权市场治理机制能传递一个促进管理层努力的信号，给予管理层压力，也能提供一个经理人效率不高问题的事后解决方案。我国财产保险公司的控制权市场受到外部股权资本市场环境功能不健全的影响，也受到银保监会对

① Manne H. G. Mergers and market for corporate control [J]. Journal of political economy, 1965 (73): 110-126.

股东严格管制的影响，治理机制的作用受到影响。

银保监会《保险公司股权管理办法》（2018）将保险公司股东分为财务类、战略类、控制类股东。控制类股东是指持有保险公司股权三分之一以上，或者其出资额、持有的股份所享有的表决权已足以对保险公司股东（大）会的决议产生控制性影响的股东。投资人成为保险公司控制类股东应当满足以下条件：经营状况良好、投资行为稳健、核心业务突出；财务状况良好，最近三年连续盈利；总资产不低于一百亿元人民币；净资产不低于总资产的百分之三十；权益性投资余额不超过净资产。存在以下情形的，不得成为保险公司的控制类股东：现金流量波动受经济景气影响较大的；在公开市场上有不良投资行为记录的；曾经有不诚信商业行为，造成恶劣影响的；曾经被有关部门查实存在不正当行为的。另外，同一投资人只能成为一家经营同类业务的保险公司的控制类股东。

国务院、银保监会对财产保险公司股东的严格要求，一方面有利于提升公司经营实力，防止股东的短期行为，使真正愿意从事财产保险行业又有能力从事财产保险的投资人成为股东，防止部分将财产保险公司作为融资平台的投资人成为股东，降低公司被控股股东的“掏空行为”，有利于对股东的治理。但是，这样的要求也降低了控制权市场对经理人的激励与约束，降低了控制权市场治理机制的作用。由于我国外部股权资本市场本身的功能不健全，作用发挥有限，因此银保监会被迫加强对股东的限制。从银保监会征求意见稿的情况看，在相当长一个时期内，控制权市场仍然会一直受到管制。

三、媒体、法律等社会环境机制作用微弱

（一）法律规制

我国当前还不是一个法制健全的社会，在法律制度上还不能满足经济发展需要，例如，相互制财产保险公司至今没有法律身份，既不适用公司法，又不适用合伙企业法。在采取法律手段维护权益方面，诉讼成本很高，收集证据要花费大量时间、精力，判决后执行更不确定，很多经济案件“赢官司输钱”。因此，有的主体会放弃司法手段维权，而侵权的公司则会抓住这一点反过来侵害相关者利益。美国外部主导的市场治理也是在健全的法律体系下才得以实现的。

（二）政府监管

我国专门设立银保监会作为财产保险公司的行业主管单位，自成立以来，制定了诸多监督管理办法，也实施了多种监管手段，对财产保险业进行了有力

的监管。但是，保险监管行使的是行政权力，这种权力的运用可能会导致过多的行政干预，造成该管的不管，不该管的管得太多，反而影响公司的治理。

（三）道德文化制约

公司治理根植于社会道德伦理文化之中，良好的道德文化会对公司文化形成弥漫性影响，影响股东、雇员、债权人、再保险集团等治理主体的意识和行为，进而影响公司治理的整体运行过程。我国的文化背景既有有利于公司治理的文化，又有不利的文化，如情理大于法理、权力至上等，这些将会导致内部监督机制失效。

（四）媒体监督

媒体是信息传递的重要媒介，公司治理问题的起源是信息不对称，因此，媒体对信息的披露是一种重要的外部治理机制。高管也可能利用媒体树立自己的形象，因此，媒体也提供了一种声誉机制。但是，由于媒体自身利益与公司的价值最大化目标没有必然联系，媒体的行为仅以自身利益为导向，对公司治理的作用也不一定都是正面影响。首先，媒体的报道本身可能存在主观偏见，或是来自竞争的压力，或是由于政治的压力。其次，媒体除提供信息外，还有满足人们娱乐的功能，为了博取眼球，媒体可能夸大事实（Jensen，1979）。

总体来看，我国的社会环境机制虽然在财产保险公司治理中能发挥一定作用，但其作用是有限的，不能发挥根本性的作用，不可能代替内部治理。

第四章　我国财产保险公司的治理机制

治理机制是一套系统的制度安排，是治理主体作用于治理客体、发挥治理作用的机理、方式和途径，我国财产保险公司内主外辅的治理模式需要具体的治理机制来实现。

第一节　内部治理主体

一、内部治理主体——股东、雇员、债权人和政府

不同的治理主体有不同的参与治理方式。内部参与型治理方式具有直接性、快捷性的特点，治理的有效性和效率更高。外部交易型治理方式和公共契约型治理方式可以由单一治理主体独自采取相应的实现途径来实现自身的治理目的，内部参与型治理方式却需要参与的治理主体进行共同决策、协调一致，才能发挥作用，单一的治理主体不能独自做出影响公司经营的决定。“潜在利益相关者的数量庞大，而对于董事会来说，确定如何处理不同利益相关者群体的需求是一个大难题。”① 共同参与的人数越多，协调的可能性越小，集体决策的成本就越高。因此，公司必须将控制权限定于一定范围内的相关者。对于财产保险公司，成为内部治理主体的应该是与公司关系紧密，投入资产专用性程度高，承担风险大的治理主体。财产保险公司有五类治理主体，下面分析哪些类别的治理主体应该成为治理主体。

（一）股东和雇员是核心治理主体，应该成为内部治理主体

传统理论均认为股东是公司治理的主体。股东提供了财产保险公司所需的关键资源，股东和公司签订了极为不完备的合同，收益由公司经营情况确定，而公司的实际控制权又掌握在雇员手中，因此，股东投入的资本专用性很强，

---

① 安德鲁·凯伊. 公司目标［M］. 孙宏友，译. 北京：中国人民大学出版社，2014：146.

面临的风险较大，应该成为内部治理主体。所以，股东采用内部参与型治理方式，通过权威机制来维护自身利益。

雇员投入的劳动力专用性程度也很高。首先，雇员与公司签订的劳动合同是非常不完备的，存在很大的不确定性。雇员应该投入多少工作时间、何种技能等无法一一列明，应该获得多少报酬也不能确定，因为公司的薪酬政策随时都可能发生变化，职工并没有谈判能力，而且绩效、年度奖金等都随公司的经营利润变化。其次，在进入公司后，雇员不断投入时间和精力，不断学习，不断提高劳动能力，这种能力与公司特有的企业文化、工艺流程、管理体系息息相关，一旦脱离公司，现有的知识、技能就失去价值，劳动力的价值就会降低。再次，公司实行精细化的分工，每个雇员只是流水线上的一颗螺丝钉，一旦脱离这个流水线，其劳动力毫无用处。以平安保险为例，平安保险建立了后援中心，实行所有操作流程化、标准化，以前由一个专业人员完成的复杂工作被纵向和横向剖开，细分成无数简单的工作，职工仅需要简单机械地操作就行了。这样的劳动力就面临巨大的风险，公司随时可以招聘新人替代。

亚当·斯密说“劳动生产力上最大的增进，以及运用劳动时所表现的更大的熟练、技巧和判断力，似乎都是分工的结果”“人们天赋才能的差异，实际上并不像我们所感觉的那么大。人们壮年时在不同职业上表现出来的既不相同的才能，在多数场合，与其说是分工的原因，倒不如说是分工的结果”①。张春海（2014）对33家财产保险公司的实证分析结果显示，劳动力的弹性系数为0.754 5，而资本的弹性系数为0.331 7，劳动力的贡献率要大于资本的贡献率②。根据斯密的劳动分工理论，财产保险公司劳动力的贡献率高就是雇员参与社会劳动分工的结果。劳动者天赋无异，有更大的贡献是因为有更为细密的分工。分工使雇员拥有了更为特殊的专有性技能，按照杨瑞龙和杨其静（2001）的资产专有性理论，“专有性资产是一个企业或组织的发生、存在或发展的基础，它们的参与状况直接影响到组织租金的大小或其他团队成员的价值”③，财产保险公司雇员的劳动力有了更强的专有性，因此，雇员应该拥有控制权。但从交易成本经济学的资产专用性看，分工的细密意味着雇员对公司的依赖性更强，面临着“敲竹杠”的风险。劳动力的资产专用性很高，因此，

① 亚当·斯密. 国民财富的性质和原因的研究［M］. 郭大力，译. 北京：商务印书馆，2010：5，15.

② 张春海. 我国保险业经营效率研究：基于人力资本与市场结构视角［D］. 北京：对外经济贸易大学，2014：67.

③ 杨瑞龙，杨其静. 专用性、专有性与企业制度［J］. 经济研究，2001（3）：7.

雇员应成为内部治理主体。

（二）债权人是重要交易型治理主体，应成为内部治理主体

普通公司的债权人与公司间有较为明确的债务合同，都有抵押担保，而且净资产实力较强，资产负债率处于正常状态，这一类型的债权人只能是次要交易型治理主体。财产保险公司则不同，虽然公司与债权人也有明确的债务合同，但财产保险公司的杠杆率很高，一般都在75%以上，有的接近100%。由于在高杠杆率下，收益和风险呈不对称分布状态，因此，股东有冒险的冲动，这样债权人容易暴露在风险中，资产专用性很强，需要向债权人配置足够的控制权。因此，债权人应该成为内部治理主体。

（三）政府是重要公共契约型治理主体，应成为内部治理主体

对于普通公司，政府只需要采取外部公共管制型治理方式来参与治理。但是，财产保险公司有很强的外部性，既可能给社会带来很大的促进作用，又可能造成很大的负面影响，引起社会的动荡。因此，对于财产保险公司，政府必须参与其内部治理。政府有双重身份，既要按照与普通公司相同的方式实施外部公共管制型治理，又要参与内部治理，成为内部治理主体。

（四）次要交易型治理主体和次要公共契约型治理主体，不应成为治理主体

再保险集团、保险公估人、经纪人、代理人、汽车修理厂等与财产保险公司之间都是按照较为明确的合同约定进行合作，而且结算期限较短，只需采取资信调查、法律等手段约束合同的执行就能较好地规避风险。因此，这类治理主体的资产专用性程度较低，不必成为内部治理主体。同样，社区与财产保险公司发生的关联事项较少，及时性强，资产专用性不高，不必成为内部治理主体。

二、内部治理的有效主体——股东、雇员和政府

从资产的专用性上看，财产保险公司的股东、雇员、债权人和政府都应是内部治理主体，参与内部治理。但是从各自的动机和行为特征看，并非所有的内部治理主体都能有效地参与内部治理。

（一）股东的动机及行为特征

股东可分为大股东和小股东。由于持股份额的不同，大股东和小股东的动机和行为方式存在差异。大股东能通过股东大会进入董事会或监事会，甚至管理层，有能力获取公司信息，能增强参与公司治理的能力。由于大股东股权比例大，公司经营的好坏对其影响较大，因此，大股东有参与公司治理的积极性，也愿意贡献其所拥有的关联性资源。但是，由于大股东在重大决策和管理

者选聘上具有话语权，其可能会通过“掏空行为”实现自身更大的利益，即通过自我交易转移公司的资源或稀释其他股东权益等手段来侵占财产保险公司和其他小股东的利益。

小股东缺乏积极行动的机制和能力。小股东拥有很小的话语权，他们的观点、意见难以统一起来与大股东抗衡。小股东只能通过定期或临时的股东大会或年报等获得公司的少量信息，对公司更多的内部信息无法获知。另外，很多小股东也缺乏相关财产保险公司经营的专业知识和能力。同时，小股东普遍存在“搭便车”心理。“当参加者的数量很大时，典型的参加者会意识到他个人的努力可能不会对结果产生多大的影响，而且不管他对问题投入的努力有多少，会议决定对他的影响都是大同小异。因此，与那些能够自己做决定的参与者情况不同，典型的参加者不会那么仔细地研究各种问题”①。因此，小股东往往缺乏参与公司治理的动力和能力。

（二）雇员的动机与行为特征

雇员可分为董事、监事、高管和普通职工。董事、监事受治理主体的委派进入治理层，参与公司的治理，拥有聘任考核高管权以及公司重大经营决策权，其努力程度受委托者的激励措施的约束。高管负责公司的日常经营管理，拥有最大的实际控制权。普通职工具有信息优势，拥有公司内部的信息，但是普通职工的岗位、升迁、工资等都受制于管理层。因此，普通职工有参与治理的动机，却没有实施行动的能力，甚至也可能与管理层合谋，难以有效地发挥对管理层的监督作用。

（三）债权人的动机及行为特征

财产保险公司的债权人主要是次级债债权人和保单持有者。根据合同约定，次级债债权人不能参与公司的管理，只能在公司经营不善、破产清偿时才能进入清算组。因此，次级债债权人虽然面临较大的风险，但从法律上没有渠道实施有效的治理。保单持有者也同样无法实施有效的治理。一方面，保单持有人作为消费者，与公司签订的保险合同也没有赋予其参与日常管理的权利。另一方面，保单持有人极其分散，而且范围不确定，难以形成有效的合力。再者，保险事故是否发生并不确定，理赔收益并不确定，保单持有人存有侥幸心理，不愿花费心思去参与治理。而且，财产保险公司存在金融风险屏障和政府的严格监管，保单持有者就更缺乏参与治理的积极性。

（四）政府的动机及行为特征

财产保险公司的强大外部性使得政府有参与治理的积极性。同时，政府是

① 满瑟尔·奥尔森. 集体行动的逻辑［M］. 陈郁，等译. 上海：上海三联书店，1995：64.

国家的代表和实体形态，拥有特殊的权力。马克斯·韦伯说，“国家者，就是一个在某个固定疆域内肯定了自身对武力之正当使用的垄断权力的人类共同体。就现代来说，特别的乃是：只有在国家所允许的范围内，其他一切团体或个人，才有使用武力的权力。因此，国家乃是使用武力的‘权力’的唯一来源。”①因此，政府有特殊权力对公司实施治理。由于我国市场经济体制是从计划经济体制转变而来，观念、理念转变还不够彻底，政府总是有对市场进行行政干预的冲动。

通过对股东、雇员、债权人及政府的分析，我们可以看出，小股东、普通职工有参与内部治理的渠道，但往往缺乏参与治理的能力，又存在消极心理或“搭便车”心理；债权人在交易合同上没有参与内部治理的渠道，而且也同样缺乏参与治理的能力，存在消极心理。根据前文分析，公司应该给他们配置内部治理权，以保障他们的利益。但他们又无法有效地行使内部治理权，因此，需要有代表来代替他们行使。这个代表应该是政府，因为政府作为国家、社会的代表和实体形态，是财产保险公司最广泛利益相关者的代表，能综合平衡相互间的各种冲突，统一到公司的财富创造和持续发展上来，而且这本来也和政府自身对财产保险公司的诉求具有一致性。因此，财产保险公司的内部治理的有效主体是股东、雇员和政府。

三、内部治理主体的权利配置

股东、雇员和政府是财产保险公司的内部治理的有效主体，要使治理主体发挥作用，就必须赋予相应的权利。

（一）股东和雇员享有同等权利

股东和雇员都是核心治理主体，应该配置相同的权利。股东和雇员配置的权利包括四方面。

一是委派董事和监事的权利。董事会是公司的决策中心，监事会是公司的监督中心，董事会和监事会是具体实施治理的机构。通过委派董事和监事，股东和雇员就能够影响董事会和监事会的作用发挥。这是股东和雇员参与治理的重要途径。

二是参与重大事项决策的权利。董事会是公司的决策机构，但董事只是股东和雇员委派的代表。由于代理问题的存在，重大事项则需要股东和雇员直接

---

① 马克斯·韦伯. 韦伯作品集Ⅰ：学术与政治［M］. 钱永祥，等译. 桂林：广西师范大学出版社，2004：197.

参与，共同决定。这些重大事项决策事项有：确定公司的经营方针和投资计划；审议公司的董事会、监事会报告以及年度财务预决算方案、利润分配方案；公司合并、分立、解散和清算等事项；审议批准公司的重大股权投资、债券投资、资产购置、处置、核销、抵押等。

三是知情权。信息不对称是公司治理问题产生的根源，由于信息不对称，交易双方才会出现事前的逆向选择和事后的道德风险。赋予股东和雇员知情权、充分了解公司的经营情况是有效参与治理的前提。尤其是中小股东，不像大股东或管理人员那样有机会接触公司的报表、文件，仅能通过对外公开的报告获得信息，基层员工也只能掌握自己接触的小范围的信息。因此，公司要赋予所有股东和雇员查阅权和质询权，以查阅公司会计账簿、决议、文件，并可对管理层进行质询。

四是参与分配权。参与分配权指参与剩余经营收益的分配权。目前的财产保险公司一般采用股东取得股利收入，雇员在息税前获得工资的方式来进行分配，这种方式无法体现股东和雇员同等的对剩余收益的分配。根据股东和雇员的投入和回报，我们可将分配内容分为两部分。一部分是补偿性分配，指用于恢复资本和劳动力原始投入价值的分配。劳动力的补偿性分配就是用于劳动力再生产，保持劳动力价值而给予的分配。劳动力价值是再生产劳动力的生活必需品的价值，该部分以工资形式体现。资本的补偿性分配是为保障资本再生产，保持资本价值而给予的分配，由于时间价值的存在，该部分包括资本的初始价值和资本的使用成本。另一部分是针对净剩余的收益性分配，实现的收入扣除发生的非工资性成本费用支出后进行补偿性分配，上缴所得税后的净剩余在资本和劳动力之间进行分配。如果剩余为正就是纯利润，为负就是纯亏损。

（二）政府的权力配置

从保障治理主体有效发挥治理作用来看，无论从政府自身还是从其所代表的债权人角度，都应赋予政府与股东和雇员相同的控制权，但是，由于政府具有区别于其他市场主体的行政性，其权力配置有以下特点：

一是享有参与委派董监事的权力和知情权。由于治理主体并不参与日常的管理，总是委派董事和监事来代表自己实施治理，因此，政府应拥有参与委派董事和监事的权力，并对受托人员进行激励与约束，确保受托人员能按照其意志实施治理。与股东和雇员相同，知情权也是政府必须拥有的重要权力。

二是没有重大事项参与权。政府是一个特殊的主体，带有很重的行政色彩，拥有凌驾于公司之上的绝对权力，在与其他治理主体间的谈判中，往往处于优势地位。一旦赋予政府重大事项参与权，就会影响治理主体间的经济性制衡，导致行政干预公司经营，使公司无法成为市场经济体制下自主经营、自负盈亏的市场主体。

三是享有特定的分配权。对政府而言，与股东和雇员对经济利益的要求不同，政府作为内部治理主体，更重要的利益要求是财产保险公司能够很好地发挥其资金融通、损失补偿和参与社会管理的作用，为经济社会的发展做出贡献，不出现经营不善、引起社会动荡、经济发展受影响的局面。政府也享有税收收入权，但这不同于股东和雇员对剩余收益的分配，这只是政府作为一般意义上的外部次要治理主体的权利，与政府对其他普通行业的外部治理相同。作为内部治理主体，政府也代表了债权人的利益，债权人拥有了剩余控制权，也应有匹配的剩余索取权。与股东和雇员的剩余索取权获得剩余收益不同，债权人的剩余索取权表现为债务合同不被履行的风险降低。

总体看，作为内部治理主体的政府既代表自身又代表债权人参与内部治理，既要配置剩余控制权也要配置剩余索取权。但是，由于政府的特殊性，在控制权方面主要是对董事和监事的委派、管理以及对公司经营信息的掌握。剩余索取权上主要是债务合同得到履行，以及公司能在经济社会发展中发挥很好的作用。

第二节　内部治理主体实施治理的路径

股东实施治理有两种方式，一是通过股东大会的表决权，形成股东大会的决议；二是“搭便车”，借助于股东大会中的其他股东或政府的治理来代表自己。股东大会是股东行使内部治理权的重要机制，通过股东大会，股东间的利益冲突得以协调，形成统一的意见。最终股东大会形成怎样的决议，与股东的股权结构和股权性质相关，优化的股权结构和股权性质将更有利于股东大会形成均衡各股东利益要求的决议；雇员包括关键管理人员和普通职工，董事和监事直接进入治理层，高管则直接进入管理层。普通职工需要通过职工代表大会来行使治理权利，与小股东类似，普通职工也可能以“搭便车”的方式借助于其他职工或政府的治理来代表自己。政府有很多职能，有很多行政部门都会参与公司的治理，如税务部门、反垄断部门，但是参与公司内部治理是一项特殊职能，应由行业行政主管部门——银保监会来行使。

一、制衡下的大股东治理

根据2018年出台的《保险公司股权管理办法》，除通过证券交易所购买上市公司股票外，向保险公司投资入股，应当为符合规定条件的境内企业法人、有限合伙企业、境内事业单位、境内社会团体或境外金融机构。持有15%以上，或能直接或间接控制保险公司的股东的净资产应不低于10亿元。国务院2019年修订的《中华人民共和国外资保险公司管理条例》（以下简称《外资保险公司管理条例》）规定，申请设立外资独资保险公司或合资保险公司的外国股东的只能是外国保险公司，境外金融机构可入股外资保险公司。因此，我国财产保险公司的持股15%以上或虽低于15%但对公司有控制权的主要股东均是境内外的法人机构，而非自然人。

（一）股权结构相对制衡

Jeffrey Zwiebel（1995）用合作博弈模型证明股权结构分布可以达到三种均衡：第一种分布是大量的小股东和一个控股股东，第二种分布全部是小股东，第三种分布是多个大股东和大量的小股东①。美国财产保险公司的股权结构多数属于第二种，德国财产保险公司的股权结构多数属于第三种，多个大股东交叉持股，形成稳定的业务关系，剩下的则是一些小股东。

对于财产保险公司存在的三种股权结构，各有利弊。第一种结构的股权集中度最高，制衡度最低，公司完全被控股股东控制，有利于对董事、监事、高管进行控制，提高治理决策效率，维护股东利益，但缺乏制衡机制，大股东可能会通过“掏空行为”以实现自身更大的利益，即通过自我交易来转移公司的资源或稀释其他股东权益等手段来侵占财产保险公司和其他小股东的利益。第二种结构的股权集中度最低，股东相互间的制衡度最高，但小股东的“搭便车”行为占上风。因此，股东可能更多地采用“脚投票”而不是“手投票”，缺乏对经营者的事前、直接的权威机制治理，容易导致内部人控制。第三种结构是一种保持适度制衡度的股东结构模式，当其他中大型股东具有牵制大股东的现实可能时，他们会提高参与积极性，“搭便车”的消极性会减弱。对于大股东，这种牵制能减少其独断专行的冲动，在决策时不会只考虑自己的利益，会从多方利益的综合角度出发进行决策。一定程度的制衡也有利于发挥集体决策的优势，集思广益，提高决策的有效性、科学性；有利于控制大股东的隧道行为，保护中小股东的利益。但是制衡度过高也会引起股东之间难以协调，带来决策效率低下的问题。

美国财产保险公司大多采取股权极为分散的股权结构，因为美国有发达的外部股权资本市场，股东虽然放弃了“手投票”的方式，但“脚投票”的方

---

① Zwiebel J. Block investmentand partial benefits of corporate contro［J］. Review of Economic Studies，1995（62）：161-185.

式能形成替代或补偿，通过股权市场的信号传递，能够对经营者形成激励与约束。我国比较接近于德国的情况，没有发达的外部股权资本市场，股东一旦放弃“手投票”的方式，就等于放弃了对经营者的治理。因此，我国应该采用第三种股权结构，即有大股东积极参与内部治理，降低股东和经营者的代理成本，又有股东对大股东进行制衡，降低小股东和大股东之间形成的代理成本。

（二）股东性质多元化

除上市财产保险公司存在自然人股东外，其他公司的股东都是法人股东。根据不同法人股东的产权性质，我们可以将股东分为外资法人股东、国有法人股东和民营法人股东。不同性质的股东有不同的动机、能力和行为特点，这将对股东大会的最终决议产生影响。

（1）外资法人股东。外资股东以盈利为主要动机，在我国加入世界贸易组织初期，在放手发展民族保险的主导下，财产保险业竞争激烈，有时甚至出现恶性竞争。此时，外资虽进入国内，但并未盲目参与到国内的恶性竞争中，没有盲目扩张，而是更为理性的谨慎经营。外资股东在自身能力上有两个特点：一是保险业经营管理的经验丰富。2001 年的《外资保险公司管理条例》规定，“申请设立外资独资保险公司或合资保险公司的外国股东的只能是外国保险公司，外国保险公司应经营保险业务 30 年以上，申请前 1 年年末总资产不少于 50 亿美元，所在国家或者地区有完善的保险监管制度，并且该外国保险公司已经受到所在国家或者地区有关主管当局的有效监管。”[①] 我国在 2019 年才对《外资保险公司管理条例》进行修改，取消了“经营保险业务 30 年以上”和“在中国境内已经设立代表机构 2 年以上”的限制。总体来看，外资股东都是实力较强，在一个成熟保险市场经营较长时间的专业保险公司，管理经验丰富，对保险风险的认识深刻，经营较为理性，不会受其他因素干扰而进行盲目的决策。二是缺乏资源支持。外资股东并不熟悉国内财产保险市场，也不了解国情；无论是人才，还是业务资源及营销渠道，都不具备优势，无法给公司带来有力的支持。

（2）国有法人股东。我国财产保险公司的国有股东存在三种情况，一种是国有资产管理机构直接对保险集团（控股）公司持股，再由保险集团（控股）公司绝对控股财产保险公司，如人保财险、人寿财险、大地财险等。一种是由中央国有企业对财产保险公司持股，如鼎和财险、英大财险。一种是地方国企对财产保险公司持股，如锦泰财险、浙商财险、紫金财险。国有股权的

① 参见《外资保险公司管理条例》第八条。

真正主体是国家，其目标最终要体现国家的目标。国家既是一般投资主体，担负着国有资产保值增值的使命，同时又是经济社会的管理者，如平衡供需、促进创新、扩大就业、防灾减灾、保障民生，尤其是对财产保险行业的发展和社会风险的防范。国家又是一个特殊的集体，张维迎（2014）指出，“国家是一个虚拟的存在，国家的决策权必须由活生生的人来行使，只能由代表国家的政治家和政府官员行使。这些代理人的责任和权利不对称，不可能有积极性选择真正有企业家素质的企业领导人，也不可能像真正股东那样激励和约束国企领导人”①。由于国有股东的终极产权主体的实质性缺位，其本身的治理问题较为突出，内部人控制问题突出，国有股东的行为动机往往受管理者自身职级升迁的动机影响较大。国有股东在行为能力上，一方面有强大的国家做后盾，容易给财产保险公司带来广泛的资源支持，另一方面又受政府行政干预较大，容易因政府目标而偏离公司的目标。

（3）民营法人股东。民营法人股东产权明晰，自身的利益化动机明确，会更按利益最大化原则采取行动，而且更有短期性。民营股东可能为了获取资金而希望财产保险公司快速扩张，增大保费收入；也可能并不关注财产保险公司实质性的经营，而寄希望于通过尽快上市来获取回报。

根据以上分析，不同产权性质的股东会产生不同的治理行为，根据协同理论，股东性质的差异将增加公司内的非平衡态势，形成更为充分的竞争与制衡，在此基础上的协同更有利于公司的持续发展。

总体来看，由于当前我国外部股权市场不成熟，控制权市场治理机制作用有限，因此，我国财产保险公司应保持股东性质多元化相互制衡下的大股东治理，才能有效发挥股东大会的作用。这样既能避免所有股东的“搭便车”行为，又能避免被单一的大股东所左右，导致“掘遂行为”。

二、职工代表大会集体决策

关键管理人员可以直接进入董事会、监事和管理层，但是普通职工人数众多，不可能随时召集起来开会表决，必须采取代表大会制度的方式来提高决策效率。职工代表大会必须能真正代表职工，而不能成为摆设，公司必须建立科学的选举制度。德国公司的职工委员会由全体雇员选举产生，具体人数根据企业人员规模决定，公司雇佣人数越多，职工委员会的人数就越多，“员工选举企业职工委员会成员必须以匿名、直接和自由的方式进行。年满 18 岁，在该

---

① 张维迎. 理解公司［M］. 上海：上海人民出版社，2014：10.

企业工作满半年的员工，可以成为企业职工委员会的候选人。根据《企业组织法》规定，大约占雇员3%的企业高级职员要完全排除在外。为了避免职责冲突，一些职位不太高的管理层人员，实际也很少参加企业职工委员会的竞选”①。我国目前的工会组织一般设在公司内部，工会主席、工会委员会成员的选举一般由党委、管理层或大股东提名，选举方式上是由职工（代表）大会举手表决。在我国权力至上和情理大于法理的文化下，职工代表既不敢又不愿去得罪高管，如果自身利益还受制于高管，就更难发挥监督的作用了，在这种方式下选举出的职工代表完全没有独立性，职工们也知道选举就是走个形式而已。因此，职工们几乎把工会作为发放福利的机构，而没有将其视为职工参与公司治理的途径。因此，职工代表的产生方式必须改进。我们要借鉴德国的方式，取消提名程序，由符合条件的员工自我推荐，使员工真正拥有被选举的权利，公司的高级管理人员不参与候选，由职工匿名、直接、自由地按照一人一票的投票原则选举，使职工代表能代表职工。

三、政府及“搭便车”治理主体的代表——银保监会

股东可以通过股东大会的决策参与治理，关键管理人员可以直接进入公司治理机构，普通职工可以通过职工代表大会的决策参与治理。但是，正如很多保单持有人需要政府为代表参与治理，很多小股东和普通职工也可能存在“搭便车”的动机和行为，他们不愿因低额的收益而付出高额的管理成本，自动地把其权力交由其他股东或雇员了。但他们的利益也需要有代表进行保护，他们的利益与其他股东和雇员利益一致，可通过其得到保护。如果不一致，则需要政府作为代表来保护，因为只要公司实现持续发展、价值最大化，就能实现预期收益。而这恰恰与政府目标一致。政府有很多职能部门，根据政府对银保监会职能的要求，可由银保监会代表政府履行治理职责。

第三节 以银保监会为治理主体的独立董事和独立监事制度

作为政府和小股东、普通职工等弱势治理主体的代表，银保监会参与财产保险公司的内部治理需要有效的参与路径。同时，财产保险公司又是市场经济

---

① 仲继银. 德国的企业职工委员会与劳资共决制度［J］. 中国新时代，2013：84.

自主经营的主体，银保监会又不应直接行政干预公司的自主经营管理。为此，银保监会可以借助独立董事和独立监事来实现内部治理的参与。银保监会参与独立董事和独立监事的选聘和管理，但不干预独立董事和独立监事的具体工作内容。

一、独立董事和独立监事的目标定位

独立董事起源于美国。20 世纪 30 年代，美国许多基金公司破产了，许多基金股东遭受投资损失，1935 年，美国证券交易委员会（SEC）进行调查，调查结论为：投资公司的组织、运行主要是为关联人谋利，而不是为股东谋利。因此，1940 年，美国国会通过《投资公司法》，规定基金董事会中的关联董事比例不能高于 60%。20 世纪 70 年代，美国发生一连串与大公司相关的丑闻，如环境污染、兜售劣质产品、向政府官员行贿等。在进行的广泛调查中，人们发现许多公众公司都涉嫌违法犯罪行为，致使股民对公司失去信心。因此，理论界提出改革董事会、提高董事会行使职能能力的观点。SEC 和各证券交易所开始着手改革董事会结构，要求投资公司以外的公司也应在董事会中设置独立董事，组成审计委员会，这些独立董事不得与管理层有任何影响他们独立判断的关系。此后，独立董事制度进一步发展，对独立董事的专业技能、对外部审计的责任等都有要求。1999 年 2 月，SEC 举行理论界及业界人士参加的圆桌会议，专题讨论独立董事的合适作用和具体职责，并再次提出独立董事应占大多数席位。安然事件后，独立董事的权利增大，责任加重；职责更为明确，对独立性的判断在严格要求其形式的基础上，更注重实质上的判断；对董事会下属委员会尤其是审计委员会的规定更加详细、严格。我国于 2001 年在上市公司中推行独立董事制度，保监会于 2005 年出台的独立董事管理办法，对独立董事的目标定位是“应当诚信、勤勉、独立履行职责，切实维护保险公司、被保险人、和中小股东的合法权益”。

独立监事起源于日本，1986 年日本发表商法、有限公司法修订草案，提出加重对监察人消极资格的限制，规定董事的直系血亲、配偶或依赖董事生活者不得担任公司监察人。由于发生多起金融丑闻，1993 年日本修订商法，引入独立监察人制度，规定“大型公司应设监察人 3 人以上，其中至少 1 人在 5 年内没有担任过公司及关联公司的董事、经理或其他对公司有重要影响的职位”。2005 年整合修订后的公司法对外部监事定义为“指股份公司的监事，过去未曾担任过该公司或其子公司的董事、会计参与（会计参与是法人时，为应执行该职务的股东）、执行官、经理或其他对公司有重要影响的职位”。我

国银保监会尚无独立监事的规定，但中国人民银行于2002年引入了独立监事制度，《股份制商业银行公司治理指引》第五十九条规定，监事会应当由职工代表出任的监事、股东大会选举的外部监事和其他监事组成，其中外部监事的人数不得少于两名。第六十条规定，商业银行应当建立外部监事制度。外部监事与商业银行及其主要股东之间不应存在影响其独立判断的关系。外部监事在履行职责时尤其要关注存款人和商业银行的整体利益。外部监事报酬应当参照独立董事执行。外部监事的任职资格、产生程序、权利义务以及工作条件应当符合中国人民银行的规定。

从国内外制度的起源与发展看，独立董事和独立监事的目标定位于对控股股东、内部董事、管理层等对公司有重大影响能力的单位或个人进行监督、制衡，保护弱势单位或个人的利益。这恰恰与政府的内部治理目标一致；将目标具体化，能够帮助财产保险公司实现实体最大化及永续经营。

二、独立董事和独立监事的功能定位

美国只设独立董事，德国只设监事，日本是独立董事和监事二者选其一。实行独立董事和监事并行的结构就必须对独立董事和监事的功能进行明确定位，否则就是重复设置，出现职责混淆、明面上都在管实际却都不管的问题。根据公司法，监事会的职责是对董事、高级管理人员执行公司职务的行为进行监督，对违反法律、行政法规、公司章程或者股东会决议的董事、高级管理人员提出罢免的建议。因此，监事会主要是对董事、高管的监督，意在通过监督来降低董事、高管的代理成本。董事会也拥有监督职能，但是只能对管理层进行监督。董事会监督管理层是否高效地执行董事会的决策，目的在于在降低高管的代理成本。在董事会内部，不是以董事之间相互的监督为主（作为高管的执行董事除外），而是相互间通过竞争与协同，以投票决议方式做出公司的决策，实现决策上的相互制衡，是利益主体之间、各治理目标之间的平衡。作为董事会的一员，独立董事的职能包括两方面，一是对管理层的监督，二是对其他董事的决策制衡。决策是监督执行的前提，董事会事先做出决策，才可能对管理层执行决策的情况进行监督，因此，独立董事的首要职能是决策制衡。“制衡是监督的前提，而监督是制衡的补充”①，只有董事会通过分权形成制衡，才能保证董事会行为的合理性和有效性。制衡是事前的，监督往往是滞后的，因此，独立董事的作用也往往优于监事会的作用。

① 谢志华，粟立钟，王建军．独立董事的功能定位［J］．会计研究，2016（6）：52.

三、独立董事和独立监事的选聘与管理

独立董事应保持其真正的独立性，不被其他主体左右；应以银保监会为主导，小股东、普通职工等弱势治理主体共同参与，负责对独立董事和独立监事的选聘，尤其是提名与考核。

第一，由银保监会建立独立董事和独立监事专家库。银保监会制定入库资格、条件以及入库后的基本工作要求，在全国范围内公开招募人才，符合条件的人才均可报名。银保监会只做客观审核，不做主观评审，凡符合要求的均可入选人才库。报名达到条件的人才，由银保监会进行公示，无异议则正式入库。

第二，财产保险公司在选聘独立董事和独立监事时，需要向银保监会申请。银保监会在人才库中发布选聘公告。库中专家根据公司要求和自身情况报名参与竞聘，竞聘者可以做游说演讲，赢取选票。

第三，由股东大会和职工代表大会投票选举，选举中实行“一人一票”，不按股权累计投票。控股股东、实际控制人和董事、监事、高管等与公司存在重大利害关系的单位或个人不得参与投票。公司应对选举结果应进行公示，经银保监会审核选举过程无违规行为后，由公司聘任。

第四，全方位考核奖惩。考核实行客观考核和主观评价相结合的方式。客观考核指标由银保监会和公司分别制定，银保监会制定通用性指标，如会议出勤、违规事项投票情况等；公司结合自身情况制定具体考核指标，如偿付能力、保费规模、利润等。客观考核由银保监会直接根据检查或审计后的数据进行考核评分。主观评价由股东大会和职工代表大会无记名评分，控股股东、高管等所有股东和人员均可评分，但仍实行“一人一票”的原则，避免受大股东等的影响。考核结果进行公示后最终确定，并进行相应奖励。

第五，建立信息披露制度和追责制度。银保监会对每位独立董事和独立监事的履职情况应详细记录并定期通报，形成良好的“声誉机制”；对独立董事和独立监事违法、违规、故意不作为等行为应建立处罚条款；建立责任诉讼制度，因失职渎职给公司造成损失的，应承担赔偿责任。

第四节　董事会——决策的制衡与控制

一、董事会构成与决策制衡

在以股东为单一治理主体的一元治理模式中，股东大会是公司的权力机构，董事会是按照股东大会的决议进行具体经营决策的机构。对于财产保险公司的多元治理模式，股东大会不能单一地作为公司权力机构，其决议只能代表股东的统一意见，不能代表整个治理主体，因为还有雇员、政府作为治理主体的存在。因此，在多元治理模式中，董事会成为公司治理的核心，首先是对各治理主体冲突、分歧进行协调，体现治理主体相互间在决策上的制衡。董事会实行“一人一票”的民主集中制原则，因此，董事会的结构在决策制衡中起着重要作用。

（一）合理的董事会结构

财产保险公司的董事会由股东董事、职工董事、独立董事和执行董事四类成员组成。董事会有监督职能、战略服务职能和资源管理职能（魏秀丽，2005）[①]。不同的董事有不同的动机和行为特征，将最终影响董事会各项功能的发挥。

股东董事不在公司担任职务，由股东大会委派，向股东大会负责。由于股东大会以股权份额来界定股东的权利，股东董事往往来自控股股东或大股东的委派，直接地体现这些股东的利益。由于股东董事不在公司任职，有利于履行监督的责任，陆正飞（2015）甚至指出，从董事会的监督职能看，股东董事比独立董事更具有独立性，更能有效地对管理层实施监督，因为股东董事由大股东和其他有重要影响的股东提名委任[②]。

职工董事由职工代表大会委派，对职工代表大会负责，由于董事、监事和高管已排除在职工代表大会之外，因此，关键管理人员对职工董事的控制受到一定程度的抑制，但是，职工董事在工作中的岗位是受制于关键管理人员的，因此，也容易出现两者合谋的情况，会影响职工董事的作用。

---

① 魏秀丽. 董事会职能的矛盾分析：经济学的视角［J］. 首都经济贸易大学学报，2005（6）：84-88.

② 陆正飞，胡诗阳. 股东—经理代理冲突与非执行董事的治理作用：来自中国 A 股市场的经验证据［J］. 管理世界，2015（1）：129-138.

独立董事是由银保监会以特殊的方式选聘的，独立性相对较强。独立董事一方面独立于股东，能脱离股东利益的干扰，平衡好大股东与小股东利益；另一方面独立于管理层，不会受管理层利益影响，有利于对管理层的监督，降低内部人控制问题。独立董事一般是在某个领域颇具声誉的专家，其专业经验和能力能为董事会及管理层提供有效的决策支持和参考意见，有的独立董事同时担任几家公司的独立董事职务，能为公司提供广泛的社会资源。在战略制定上，独立董事与内部董事相比，掌握的公司专有信息较少，但他们一方面要获取公司资料进行研究，另一方面又往往具有宏观的或行业的整体性知识，也能跳出公司，从另一个角度审视公司的战略发展。

执行董事是公司担任高管职务的董事，一般是进入董事会的CEO、总经理或副总经理。执行董事对公司信息的了解更为全面，而且具有丰富的经验及相关知识；因此，他们在董事会讨论公司战略与重大决策上能发挥重要作用，提高决策效率。Fama和Jensen（1993）指出，内部董事的好处是可以使董事会的决策过程更有效率。但是，执行董事具有双重身份，作为董事的职责是要监督控制管理层；作为管理层，又是被监督的对象，这种既是裁判又是运动员的身份使他们很难客观地履行董事的监督职责。因此，他们对自身的考核评价基本上没有意义；对其他高管的评价，也难以客观。在人情上，每天抬头不见低头见，他们既碍于情面又怕以后遭受报复，不愿得罪他人。在利益上，高管之间长期共事，往往存在一些利益分配问题。而且，执行董事的存在，会影响其他董事发表对执行董事不利的评价。因此，Jensen（1993）认为从更好地监督高管的角度出发，高管中应只保留一名人员及总经理进入董事会，其他高管不进入董事会。这样更能保证董事们在董事会上畅所欲言。

由于董事会实行“一人一票”，因此，各类股东在董事会中的人数占比非常重要，占比越高，越有话语权。因此，董事会应保持合理的比例，尤其是保证独立董事有足够的占比，因为独立董事的目标是公司的持续发展。美国财产保险公司以外部治理为主导，因此，独立董事占比很高，有的高达70%，以避免被执行董事控制。

（二）适度的董事会规模

董事会的规模会影响董事会的决策效率。如果董事会人数多则会有以下影响。第一，董事成员多会造成不同董事之间的沟通协调难的问题；人数越多，信息的传递时间越长，董事们达成一致意见越困难，致使很多重要事项议而不决，造成决策效率低下。第二，在人数较多的情况下，董事存在“搭便车”心理，认为自己不努力，其他董事也能做出决策，自己坐享其成就行了。第三，董事们一般有碍于情面、不好意思驳高管面子，有的董事更是怕遭到打击报复，因此，在董事会上监督、评价高管的行为与业绩时，董事们显得迟疑和犹豫。Lipton 和 Lorsch（1992）认为董事一般不敢对公司绩效进行公开的讨论，也不敢对高层管理者进行批评，董事人数过多的董事会面临的这类问题更为严重，董事会规模最好是 8~9 人，最多不超过 10 人。Jensen 则认为董事会人数应控制在 7~8 人，人数过多就更可能被 CEO 所控制。

董事会规模大也并非一无是处。一方面，董事一般是社会阅历丰富、经营管理经验丰富的人士。正如资源基础理论的观点，这些董事更能为公司提供有效的意见，使董事会的决策更科学，也能提供更多的环境资源。另一方面，和小规模董事会相比，大规模董事会更能发挥集体决策的优势，更能代表多方利益，避免被少数人为个人或个别团体利益所操纵。

财产保险公司的董事会规模应保持适度，既要满足各类别董事的合理比例，又要与公司的规模相适应，还要有利于决策效率。

二、管理层配置

（一）选聘管理层

根据中国人民财产保险股份有限公司章程，以总经理为首的管理层，行使包括组织公司的经营管理工作，组织实施董事会决议，拟订公司内部管理机构设置方案和公司的基本管理制度，聘任或解聘除应由董事会任免人员以外的公司其他人员，以及其他依据法律、法规、规章和公司章程规定及股东大会、董事会决定由其行使的职权等。董事会并不负责日常的经营管理，而是委派管理层执行公司战略，全面负责公司的具体经营。因此，管理层是否有经营管理能力，能否按照董事会的目标要求开展工作，对公司目标的实现至关重要。董事会的一项重要任务就是选聘好管理层，搭建一个有经营管理能力、能高效运转的高管团队。董事会配置管理层应注意两方面的问题。

一是高管个人特点。Hambrick 和 Mason（1984）提出了高阶理论（Upper Echelons Theory）。高阶理论以人的有限理性为前提，把高层管理者的特征、战略选择、组织绩效纳入研究的模型，突出了人口统计学特征对管理者认知模式的作用，以及对组织绩效的影响。高阶理论认为，由于受到有限理性和多种行为因素的限制，高层管理者无法全面掌握战略情景的每个方面；受到选择性认知的限制，高层管理者将可感知领域的信息进行选择、加工；对掌握的信息进行合理解释，形成对现实的理解，最终做出战略的选择。因此，即使面对相同的战略情景，拥有不同特征的高层管理者也可能会给出截然不同的理解。

二是管理层整个团队的规模和结构。秦家琦（2011）指出，组织设计经济学揭示出扩大管理幅度有增加产出、降低信息处理成本的优点，但也会增加人力成本，增加协调难度，降低决策效率。因此，存在一个最优的管理幅度从而最优的高管规模使得企业业绩最大化①。Helgesen（1990）提出女性领导风格学说，指出女性在管理风格上注重沟通、协调及良好的人际关系②。Rosener提出男性多数采用交易式的领导方式，男性领导者更倾向于使用组织赋予的职位权力。女性领导者则采用变革式的领导方式，将下属的个人兴趣融合到组织当中，促使组织目标和个人目标同时实现③。

因此，高管的规模、性别结构，高管的年龄、学历、任期、行业经验等背景特征等因素都会对公司治理目标的实现产生影响，董事会必须进行综合考虑，或是内部提拔或是外部聘任，确定一个高效的管理层团队来执行公司战略。

（二）强化监督的领导权结构设置

董事会有战略服务和对管理层监督两项重要职能，董事会是公司治理的核心，管理层是公司管理的核心，两者的重合度即执行董事比例，尤其是董事长和总经理的两职设置在公司治理中对公司管理的影响中起着重要作用。关于董事长和总经理应该两职合一还是两职分离的问题，从理论上有不同的认识。代理理论认为基于机会主义的存在，应两职分离，加强对管理层的监督。现代管家理论则认为两职合一有利于提高公司的创新能力，从而更好地面对复杂多变的环境。资源依赖理论提出究竟采取哪种领导权结构应根据环境的变化而变化。财产保险公司究竟采取哪种领导权结构，不仅与外部环境相关，还与公司的内部治理结构相关，与管理层的特点相关，公司应根据具体情况来确定采取何种结构。

早期，美国公司中的董事长与总经理分离情况居多，但随着跨国公司全球业务的拓展，公司内外部的信息交流日渐频繁，公司决策层和执行层之间就可能存在信息传递的时间滞后性和沟通障碍，从而影响了经理层对公司重大决策的快速反应和执行能力。20世纪60年代，美国一些公司设置CEO，扩大总经理的权限，将一部分董事会行使的权力也交由总经理，有些公司直接由董事长兼任CEO。美国本来就以外部治理为主，在两职合一发展的同时，外部治理机

---

① 秦家琦. 高管规模与公司业绩：来自中国上市公司的证据［J］. 产业经济评论，2011（3）：41-42.

② Helgesen. The Female Advantage［M］. New York：Bantam Dell Pub Group，1995.

③ Rosener，J. B. Ways Women lead［J］. Harvard business Review，1990（6）：30-31.

制的有效性增强。例如，2002 年颁布萨克斯法案后，美国设立了公众公司会计监管委员会，对上市公司审计进行监管。丘博保险公司章程规定如果董事长兼任 CEO，则须设置由独立董事担任的领导董事，以此加强监督。德国财产保险公司的治理以内部治理为主，监督董事会将更多的经营决策权交由管理委员会，但要求监督董事会和管理委员会必须分离，不能兼任，这也强化了监督。

财产保险公司属于风险行业，面临复杂多变、不确定性很强的市场。的确，决策效率对公司的经营比其他普通行业更为重要。但是，我国目前是以内部治理为主，外部治理为辅。我国的财产保险公司必须加强内部的监督控制，才能降低代理成本；同时在董事会内部对执行董事有充分制衡的前提下，可以两职合一，否则应以两职分离为主。

三、战略管理和内部控制

（一）战略管理

根据资源依赖理论，董事会可以凭借其与外部环境的关联及自身的知识信息，为战略管理提供丰富的资源。从代理理论看，董事会参与战略管理是确保管理层保持经营目标与治理目标一致，降低代理成本的重要手段。战略管理是董事会的重要职能，是一个需要充分信息和相当专业能力的工作，必须由董事会和管理层共同完成。

战略管理过程分为方案提出、审批、实施、监督评估几个阶段。提出阶段一般由高层管理者拟定初稿，因为高层管理者具有特殊的信息和专业优势；审批阶段主要由董事会负责；实施阶段由管理层负责，管理层要综合运用各项管理职能有效地利用资源，执行公司战略，实现战略目标；监督评估由董事会负责，以确保管理层执行既定的战略规划，不偏离目标。从战略管理过程可以看出，公司治理通过战略的审批和监督对公司管理施加影响，确保战略管理沿着治理的要求进行。在战略制定中，大股东或控股股东以委派董事长或占有多数董事席位来影响战略的审核，甚至以委派总经理的方式来影响战略的制定。如果财产保险公司没有大股东或控股股东，战略则可能完全受制于董事会。在董事会中，如果执行董事占比较大，股东董事、独立董事和职工董事占比较小，公司的战略就会被管理层控制，从而使公司治理对管理的战略管理功能失效。

（二）内部控制

内部控制是指由公司董事会、管理层及各层级员工实施的一类管理活动，其目的在于实现公司的经营效率和效果，保证财务报告可信及遵守相关法律法规等[1]。公司治理的目标是要解决信息不对称问题，确保治理主体获得充分、可靠的信息，而提供真实、可靠的财务信息正是内部控制的目标之一。公司治理还必须实现委托人与代理人的激励相容，防止代理人为谋求自身利益而置委托人利益于不顾，内部控制通过确保相关法律法规、制度的遵循，决策的落实，有效控制公司运营中的各种风险。因此，内部控制是董事会落实战略、防控风险的重要抓手，健全的内部控制体系能提供更加真实、全面的信息，董事会就更能有的放矢地对管理层进行监督与评价。银保监会发布的《保险公司内部控制基本准则》指出，保险公司的内部控制体系应由董事会最终负责，董事会要对公司内控的健全性、合理性和有效性进行定期研究和评价。公司内部控制组织架构设置、主要内控政策、重大风险事件处置应当提交董事会讨论和审议。

在我国“权力至上”的文化背景下，不仅管理层，各层级的管理干部都可能擅自专权，利用权力违反内部控制规定。尤其是财产保险公司面临瞬息万变的市场，为迎合市场的需要，管理者很可能为了实现某个目标而突破规定。因此，董事会必须加强对内部控制体系的管理，深入评价内部控制体系运行的有效性。

第五节　监事会——监督的协作与实施

一、监事会构成与监督协作

董事会是决策中心，重要任务都通过决策的制定及决策的执行从业务上来保障公司的经营目标与治理主体的目标一致。与董事会不同，监事会的主要职责是监督，主要负责对董事、高管履职情况的监督。因此，监事会更倾向于对董事和高管个人的监督，降低代理成本。监事会是治理主体行使监督权的协作机制。通过委派监事，治理主体对董事和高管行为进行监督。

监事会由股东监事、职工监事和独立监事组成。股东监事由股东大会委派，对股东大会负责。职工监事由职工代表大会委派，对职工代表大会负责，由于职工监事与高管的特殊关系，职工监事的作用受到抑制。独立监事则由政府以特殊方式选聘，独立监事一般也应是具有较高声誉和专业能力的专家。由

① COSO. Internal Control-Integrated Framework [R]. COSO, 1994.

于是对董事和高管个人履职的监督，董事和高管不能参加监事会。虽然董事和监事没有进入监事会，但由同一治理主体委派的董事和监事之间往往有更为密切的关系，因此，增加监事会成员的多维性具有积极的意义，有利于相互协作，弥补不足，提高监督的有效性。在一些需要集体出具意见的事项上，监事会实行“一人一票”的民主集中制，共同做出决定，监事会主席只是召集人，投票权也只有一票。由于是集体决定，因此，监事会中各类监事的占比不同，将影响投票结果，且监事会规模也会影响决策的效率，因此，监事会应保持合理的规模和结构，确保各治理主体能发挥作用。

二、内部审计与独立监察

（一）内部审计

Lee（1993）认为，审计的主要目标就是当对被审计者的行为和行动缺乏信任时，通过鉴证被审计者来证实受托责任的履行。Power（1997）也认为，当受托责任关系中存在不信任时，审计是促进受托责任完整履行的主要方式。国际内部审计师协会（IIA）在提交给美国国会的《改善公司治理的建议》中特别强调，健全的治理结构建立在董事会、执行管理层、外部审计和内部审计四个“基本主体”的协同之上（IIA，2002）。2005 年，欧盟内部审计师协会联合会（ECIIA）发布了《欧洲内部审计》的声明书，表示内部审计通过协助董事会及其所属审计委员会、非执行董事、管理层、外部审计，从而在公司治理中发挥作用。国际内部审计师协会 2001 年在修改后的《内部审计实务标准》中对内部审计做了新的定义，内部审计是一种独立的、客观的保证工作与咨询活动，它的目的是为机构增加价值并提高机构的运作效率。它采取系统化、规范化的方法来对风险管理、控制及治理程序进行评价，提高它们的效率，从而帮助其实现机构目标。在受托责任观下，内部审计是一种内部治理机制（瞿曲，2006）①。内部审计履行保证职能可以增强财务信息及非财务信息的可信性，减少信息不对称，有助于契约的签订和执行；履行咨询职能，则可以改善其他控制程序，并影响受托责任环境，确保受托责任的有效履行。

权威性和独立性是审计的基本要求，否则就谈不上审计的客观、公正，因此内部审计的隶属模式至关重要，隶属的层级越高，权威性就越强，独立性更强。安然事件发生后，美国出台 SOX（萨班斯）法案，要求上市公司的审计

---

① 瞿曲. 公司治理中的内部审计：受托责任视角的内部治理机制观［J］. 审计研究，2006（2）：43-45.

委员会必须完全由独立董事组成，审计委员会不仅负责聘用外部审计机构，还应监督内部审计制度的实施，协调内部与外部审计人员的沟通①。因为美国是单层治理结构，由独立董事组成审计委员会，且独立董事占比较大，因此，内部审计的隶属层级比较高。德国财产保险公司是在监督董事会下设审计委员会负责审计工作，也处于较高层级。

我国财产保险公司董事会不仅要履行监督职责，还有参与决策的职能，但在监督上只能履行对管理层的监督。而监事会不仅能对管理层进行监督，还能对董事进行监督，从监督的角度看，内部审计应设置在层级更高的监事会中。而且监事会履行监督的职责需要有具体的抓手，要有能使监督职能落地的途径，否则，监督就是空谈，内部审计恰好可以承担此任务。因此，内部审计的管理权限应设置在监事会中。

（二）独立监察

独立监察是指监事可以独自行使监督检查的权利，不受其他监事的牵制。董事会首先是一个治理主体间的决策制衡机制，监事会却不是监督的制衡而是监督的协作。每一个监事都有职责和权利对董事和高管进行监督，检查其履职是否到位，只要发现问题，都可以采取相应措施，而不需要所有监事都有同样的意见。日本和韩国都采取了这种独立监察制度，这种制度有利于提高监督效率。

第六节　激励约束机制与信息披露机制

一、激励约束机制

财产保险公司的激励约束主要涉及关键管理人员，即董事、监事和高管，因为他们是接受股东、雇员和政府委托进行公司治理和管理的受托人。公司治理是否到位，管理是否有效果，是否达到治理主体的目标，关键在于受托人在多大程度上保持与治理主体目标一致。财产保险公司的经营具有成果滞后性和不准确性的特点，这会对激励约束机制产生影响。

财产保险公司的经营有其客观规律，前期承保的业务责任期要一年后才结束，还有未赔付的理赔责任延期更长，本期的经营数据体现以前的工作成果，本期的工作成果却要在以后才能完全体现，经营成果无法在本期准确地反映出

① 秦荣生. 公司治理与内部审计监督［J］. 中国内部审计，2010（11）：24-28.

来。并且，关键管理人员可能会借此来进行盈余操纵，将亏损留到后期，由接盘的新任高管承担。新任高管到位后，采取的各项措施需要相当长的一段时间才能发挥作用，见到效果。因此，财产保险公司激励约束的考核周期应该要有更长的期间；在考核指标的制定上，不能太关注短期指标，应制定恰当合理的多期综合指标；在激励薪酬上，也要注意建立长期激励机制，将关键管理人员的利益与公司的长远发展相结合，避免短期行为对公司经营的损害。

二、信息披露机制

申农第一次提出“信息熵”的概念，将熵作为对信息不确定性的度量，信息越不确定，熵值越大，公司就越无序。相反，信息越确定，公司的熵值越小，公司的结构和功能就更高级。2001 年，诺贝尔经济学奖授予乔治·阿克洛夫、迈克尔·斯彭塞和约瑟夫·斯蒂格利茨三位经济学教授，以表彰他们在信息经济学研究领域做出的突出贡献。他们用不对称信息为交易理论奠定了基础，形成了现代信息经济学的核心。不对称理论认为，有关交易的信息在交易双方之间的分布是不对称的，交易双方对各自在信息占有方面的相对地位都是清楚的，这种状况导致在交易完成前后分别发生“逆向选择”和“道德风险”。公司治理问题产生的根源就在于交易双方信息的不对称，因此，信息的确定性、对称性是影响公司治理的关键。

财产保险公司以概率论为基础，遵循大数法则进行经营。保险公司在信息上有其特殊性，尤其是会计信息上，其核算体系有所不同。其中，保险责任准备金的提取和理赔责任准备金的提取依赖于对应承担的未来风险的判断，依靠对历史数据的精算和主观判断。寿险有生命表，精算相对更为准确，财产保险公司经营的险种繁多，期限短，精算数据不充分，因此数据并非完全准确、客观。因此，这成了管理层盈余管理的重要手段。为了向治理层提交一份优秀的答卷，管理层在准备金的提取上大做文章，要提高当年利润，则少提准备金，使往年提取的准备金在当年转回，如果因已完成任务想将利润留到来年，则多提准备金，将当年利润转移到下一年。即便管理层无意于信息的操纵，精算的技术性问题和内部控制体系的不完善，也使信息的准确度不高，从而影响公司的战略决策。

因此，企业必须提高信息的真实性和透明性，才能降低治理成本，提高治理效率：首先是对精算工作的管理，要以健全的数据库作为基础，加强精算技术的规范，尤其是加强对精算人员的管理，避免受管理层所影响。其次是通过严格的审计监督对会计报表进行审计。最后是对信息披露的内容和时效性进行规范，及时向股东、雇员、银保监会、再保险集团、保险经纪人等内外治理主体公布。

第七节　外部公共治理机制

一、国家政策和法律制度

（一）国家政策

我国的经济发展模式并非是自发形成的，而是由政府主导的“强制性”制度变迁，在国家政策的主导下实现从计划经济到市场经济的转变。1978 年，十一届三中全会将工作重点转移到社会主义现代化建设上来。1981 年，人民保险公司恢复独立核算。1993 年中央十四届三中全会《中共中央关于建立社会主义市场经济体制若干问题的决定》确定了建立社会主义市场经济体制，明确国有企业产权明晰、权责明确、政企分开、管理科学的现代企业制度。1999 年十五届四中全会《中共中央关于国有企业改革和发展若干重大问题的决定》确定了国有企业股份制改革的发展方向。国务院于 2006 年颁布《国务院关于保险业改革发展的若干意见》，2014 年颁布了《国务院关于加快发展现代保险服务业的若干意见》。这些法律制度、行政管理规范的建立，成为各项内外治理机制的前提。

（二）法律制度

法律制度对公司治理的作用在于使利益相关者的权利得到国家权力机构层面上的保障，治理主体可以按照法律规定，采用法律手段来实施治理，保障自身权益。Jensen 和 Meckling（1976）及 Hart（1995）都指出，投资者的权利实施依赖于法律体系的完善程度。于茂荐（2016）利用上市公司数据，实证分析并得出良好的法律制度环境有利于降低企业对一体化和关系治理机制依赖的结论①。目前，我国关于公司内外治理主体实施治理相关的法律有《中华人民共和国合同法》《中华人民共和国担保法》《中华人民共和国税法》《中华人民共和国反不正当竞争法》《中华人民共和国消费者权益保护法》《中华人民共和国外资企业法》《中华人民共和国民事诉讼法》等，无论是保单持有者、再保险集团还是保险公估机构，都可以采用这些法律为依据来实施治理。在众

① 于茂荐，孙元欣. 专用性投资、法律制度环境与治理机制选择：基于制造业上市公司的经验证据［J］. 山西财经大学学报，2016（3）：5.

多的法律中，与财产保险公司治理最为直接相关的法律是《公司法》和《保险法》。1993 年我国颁布第一部《公司法》，以有限公司和股份公司为对象，对股东的权利和义务，国有投资主体中职工的权利和义务以及股东大会、董事会、监事会、经理的职权和议事、决策规则进行规范。此后，《公司法》经历 1999 年、2004 年、2005 年、2013 年及 2018 年的多次修订。1995 年颁布第一部《保险法》，也经历了 2002 年、2009 年、2014 年及 2015 年 4 次修订。保险法的内容更多涉及的是承保理赔投资等保险活动的规范及保险公司与保单持有人的权益。保险法也确定了保险监督管理机构对保险行业的监督管理，并且规定了保险公司注册资本限额最低 2 亿元。

法律体系还涉及执法和司法。有良好的执法环境和司法环境，法律作为公司治理的手段才能真正落地。治理主体采取司法手段时必须简便、精力耗费少，且确保司法判决能得到执行，总体治理成本低。

国家政策和法律制度是财产保险公司治理至关重要的外部环境，公司治理的实施只能在国家政策和法律框架下进行。因此，国家政策和法律制度也必须要跟上经济发展和行业的需要，及时进行调整。

二、行政管理

行政管理是政府执行国家政策和法律制度规定的具体实施措施。行政管理主要通过政府的各类行政管理部门来执行。例如，税务局负责国家税收，工商行政管理局负责工商登记、反垄断、消费者权益保护等。保险行业监督管理委员会是财产保险的行业主管机构，涉及的其他行政管理都是和其他普通行业相同的。

我国对于金融行业的监管采用国际通行的做法。美国的保险行业监管职责主要由各州保险监管局承担，保险监管局的最高领导是保险监督官，由所在州的州长任命，对州长负责。联邦政府没有设立保险监管机构，1871 年各州保险监管局组成了全国保险监督官协会，其职能是协助各州的保险监管机构对保险市场进行监管，协调各州的保险监管方式，以低成本的方式实现高效率的监管。德国于 2002 年合并建立联邦金融监管局，对银行、保险、证券等金融机构实行混合监管，下设德意志联邦银行负责监督和审计保险公司的日常经营活动。日本于 2001 年设立直属内阁的金融厅，负责银行、证券和保险等金融机构的监管。

我国在 1998 年以前的保险行业管理由中国人民银行实施，1998 年后成立了独立的保险监督管理委员会，并根据需要逐步在各省（自治区、直辖市）

设立了派出机构，2018 年保监会与银监会合并为银保监会。国务院 1998 年颁布的关于建立保监会的通知中明确了保险监管的目标，即维护保险市场秩序，保护保单持有人、被保险人和受益人的合法权益，促进保险业的健康发展。根据监管目标，在市场行为监管的基础上，银保监会逐步建立起现代保险监管体系：建立以偿付能力监管、公司治理监管、市场行为监管为支柱的“三支柱”监管框架，确立以公司治理和内控为基础、以偿付能力监管为核心、以现场检查为重要手段、以资金运用监管为关键环节、以保险保障基金为屏障的风险防范“五道防线”。

“我国保险公司治理监管的目标是通过建立健全决策透明、监督有效的法人激励约束机制，实现对股东和市场的负责，进而防范保险经营风险，保护被保险人利益。”① 基于与市场行为监管和偿付能力监管的区别，公司治理监管的重点在于防范和化解以下风险：一是保险资产安全。其主要是控股股东、实际控制人或内部控制人采取挪用、关联交易等方式非法转移保险资金等，以“掘隧行为”将财产保险公司当成“提款机”。二是公司僵局风险。其主要是股东之间或股东与管理层之间因控制权争夺或重大利益分歧，使治理结构和治理机制无法正常运行，股东大会、董事会会议、监事会会议无法正常召开，重大事项不能及时决策。三是公司管控风险。其主要指公司治理对公司管理的控制失效，在决策上随意、缺乏制衡，在执行上决策得不到有效执行，内控混乱，风险失控。四是高管舞弊风险。其主要指公司董事高管为自身利益，采用非法手段进行盈余操纵。银保监会行业监管的主要内容包括：股权，董事会、监事会、内控、合规和风险管理，激励机制，监督和问责，信息披露。监管行为主要有规则引导、审查许可、现场监管、信息披露等。

银保监会既参与内部治理，又参与外部治理，两者的区别在于：作为内部治理主体，银保监会通过对独立董事和独立监事的管控，事前直接介入公司内部的决策和监督中，影响公司的治理。银保监会实施外部治理则是在事中和事后对公司治理的规范性进行监督检查。

第八节　外部市场治理机制

对财产保险行业的特殊监管，导致经理人和控股股东的参与范围受到限

---

① 项俊波. 中国保险业公司治理与监管报告［M］. 北京：中国金融出版社，2014：15.

制，产品市场竞争也在一定程度上受到抑制，但仍是重要的外部治理机制，是内部治理的重要补充。

一、经理人市场治理机制

职业经理人是指按照契约关系，对企业部分性地拥有控制权，并通过自身拥有的知识和经营管理能力，对企业现有资源进行重组和利用，能够代替企业所有者行使决策、监督、考核等管理职能的企业雇员。“职业经理人又称企业家”①（杨瑞龙，2001）。丁栋虹（2002）指出，作为人力资本所有者，企业家与普通的企业职工有很大区别，企业家是异质型人力资本所有者，生产力呈边际报酬递增形态，企业普通职工却是同质性人力资本所有者，其生产效率呈边际报酬递减形态②。一名优秀的职业经理人必须拥有超出一般职工的素质和能力。公司治理的一项核心内容就是选择最有能力的经理人，并对经理人进行有效的激励与约束。经理人市场为经理人的选择和激励提供了一种有效的外部治理机制。

首先，经理人市场为董事会提供可供选择的、丰富的资源，可以优中选优，便于选拔到更为优秀的经理人。其次，经理人市场可以提供隐性的激励约束机制。声誉机制在经理人市场中发挥着重要作用，Kreps 和 Wilson（1982）建立重复博弈的声誉模型，指出在重复多次交易时，为了获得长期利益，参与人会建立自己的良好声誉，此时就能实现合作均衡③。经理人市场可对经理人的职业历史、业绩与污点进行记录。在选聘前，董事会可以对经理人的能力、努力程度进行区分，选拔声誉好的经理人并给予更高的报酬。一旦不能胜任或出现道德风险，董事会则可以降低报酬甚至解聘，在经理人市场上找到可替代的经理人。因此，经理人市场的存在给予现有经理人一种隐性的激励和约束，促使经理人不断提高自身能力，并努力实现董事会的目标要求，降低代理成本，提高效率。同时，在发挥激励约束作用时，经理人市场的存在也诱使了经理人的信息从众心理和短期行为。经理人为了维持声誉而更为谨慎，从而在信息的使用上出现羊群效应，忽视个人判断而延续前任经理人的决策趋势或大众化的观点。经理人市场还可能导致经理人过度关注短期业绩的保守和短视行为。

---

① 魏杰. 职业经理人制度建设中的一个重要问题［J］. 财贸经济，2001（6）：24-25.

② 丁栋虹. 论企业性质的异质型人力资本模式：兼论科斯交易费用模式的内在悖论性［J］. 财经研究，2000（5）：30-31.

③ Kreps D，Wilson R. Sequential Equilibrium［J］. Econometrica，1982（2）：863-894.

对于尚处于发展初级阶段的我国财产保险行业，经理人市场的建立，一方面要培养出大批量的后备人才，提高保险从业队伍的素质；另一方面要有市场中介，例如，猎头公司能推动人才的充分流动。同时，良好的市场信号机制能够使经理人声誉机制发挥作用。

二、产品市场治理机制

产品市场对公司治理的作用主要在于信息作用和约束作用。公司内部治理问题产生的根源在于信息不对称，亚当·斯密认为，由于竞争的过程和竞争的结果能够以最经济的方式揭示其中的信息，委托者可以根据获得的信息区分经理人能力、业绩的好坏，提供相应的激励报酬。Holmstrom（1982）认为，在产品市场竞争揭示信息的作用下，为了建立良好的声誉，经理人会更加努力地工作①。因此，竞争是一种自然且有用的激励机制。在约束方面，产品市场竞争会增加公司破产的风险，一旦经营不善，公司就可能面临破产，破产就意味着经理人失业，因此，产品市场竞争越激烈，经理人会更加努力，以降低公司破产的风险（Grossman & Hart，2004）②。自加入世界贸易组织后，我国财产保险公司数量迅速增加，从 2003 年的 10 家公司发展到 2019 年的 89 家公司，市场竞争逐步加剧。由于保险产品同质化严重，因此中小公司间竞争异常激励。产品市场的竞争给公司对管理层的考核评价提供了依据，这在一定程度上促进了对经理人的激励与约束。稍有闪失就会让保费规模缩小，丢掉市场份额，并很快就在经营数据上显现出来。这些信息的展示会促进经理人提高工作的努力程度。如果公司经营不善，这些经理人就可能被换掉。业内管理层都将业绩好坏作为评判公司高管职位是否发生变化的依据，很多公司高管也因此而被替换。2014 年，上任约两年的大地财产保险公司的董事长欧伟被中再集团宣布调离现职，这是大地财险三年内第二次调整核心高管。据了解，欧伟在任职时向集团承诺市场排名不降、承保不亏损、市场增速不减，但大地保险 2013 年的业绩没有达到承诺的数值，虽然公司仍实现了 3 亿多元的盈利，但主要是得益于投资收益，承保业务却由盈转亏，亏损额约 4 亿元；保费方面，大地保险 2013 年保费同比增长 10.86%，也低于 17.2%的行业平均增速。近年来董事长、总经理职位的频繁变动，大部分的变更就是因为业绩下滑。因此，企业应该提升产品市场的竞争力，建立充分竞争的产品市场，发挥产品市场治

① Holmstrom B. Moral Hazard in Teams [J]. Bell Journal of Economics，1982（13）：324-340.

② Grossman，Hart. Corporate Financial Structure and Managerial Incentives [J]. Social ence Electronic Publishing，2004（11）：12-14.

理机制的作用。

三、控制权市场治理机制

股权资本市场对公司治理主要有以下几个方面的作用。一是提供“脚投票机制”。股东在公司治理中可以采用两种方式来行使权利。一种是“手投票”，即在股东大会中行使投票权，对公司的重大经营决策及管理层考核任免进行举手表决。另一种是“脚投票”，即当小股东认为公司已被大股东或经理人等内部人控制，公司业绩较差，自身利益将受到损害后，采取转让股权的方式把公司“踢”掉。二是发挥接管威胁的激励作用。曼尼（1965）认为，控制权市场提供了一个很好的外部治理机制，一旦公司因为管理者缺乏效率而造成业绩表现不好，就会有投资者发现投资价值，对公司进行并购，然后加强公司治理，降低代理成本，提升公司业绩，从而获利①。如果管理层经营不善，公司的业绩就较差，在小股东“脚投票”的作用下，上市公司的股票价格会下降，当下降到一定程度，公司的价值就会被低估，此时收购就会有利可图，在市场上就可能会出现收购者，达到一定比例后就能接管公司。非上市公司由于业绩差，行业评价也会差，出现资金或业务拓展问题，资本市场上可能会出现发现商机的收购者，又或者大股东被迫低价转让股权。一旦公司被接管，新股东们必然会改组董事会，任命新的管理层。面对如此的威胁，为了保住自己的职位，管理层只能提升自己的能力，倍加努力地工作。三是新股东接管后的“手投票”，即公司被新股东接管后，会注入新的经营理念，更换管理层，并为公司提供新的业务资源、先进的管理技术等。

我国财产保险业公司的股权投资主体逐步由单一的国有投资转变为目前的外资、民营等多元化投资主体。从国家规定看，虽然我国对财产保险公司的股权资本投资主体有一定的要求，不是谁都可以成为股东，但总体来看，我国的相关规定还不够完善。随着我国财产保险业的发展壮大，财产保险公司的价值逐步被投资人所认识，控制权市场治理机制的作用也会越来越大。财产保险公司良好的内部治理和对投资人权利的有效保护不但有利于吸引投资人关注，而且有利于建立健全控制权市场。

① Manne H. G. Mergers and Market for Corporate Control [J]. Journal of Political Economy, 1965 (73): 110-126.

第五章　我国财产保险公司治理对绩效影响的实证分析

第一节　我国财产保险公司绩效评价

Bates & Holton（1998）指出绩效是一种多维建构，测量的因素不同，其结果也会不同。绩效的英文单词“peformance”，《牛津现代高级汉语词典》的解释是“执行、履行、表现、成绩”，从解释中可看出，对绩效的看法有两个角度。一个角度是结果观，以产出为导向，认为绩效是任务完成的结果及其表现。彭剑锋（2003）将绩效定义为反映人们从事某种活动所产生的成绩和成果①。另一个角度是行为观，认为绩效是行为主体所采取的行为与目标的相关性和一致性。Campbell（1990）认为绩效不是结果，它本身就是行为，它包括在个体控制之下，与目标相关②。Brumbrach（1998）将两种观点进行结合，认为绩效包括行为和结果两个方面，行为并不是简单的结果工具，行为过程本身也是一个结果，是完成某项工作或任务所付出的体力和脑力劳动的结果③。目前，综合的观点已逐步被更多的学者接受。

公司的目标并非是简单地以实现多少利润为结果，而是自身生存、发展等层面目标的综合，既体现了过程性又体现了结果性。詹森认为绩效是组织为实现其目标而展现在不同层面上的有效输出，且组织绩效建立在个人绩效的基础

① 彭剑锋. 人力资源管理概论［M］. 上海：复旦大学出版社，2003.

② Campbell. Modeling the Performance Prediction Problem in Industrial and Organizational Psychology［J］. Personnel Psychology，1990（43）：23.

③ Brumbrach A. Performance management［M］. The Cromwell press. 1998

上[①]。因此，本书将公司绩效定义为实现公司目标的程度，即公司生存能力、发展能力以及盈利等各层面综合能力的高低。

一、财产保险公司特殊性对绩效评价的影响

（一）经营成果核算特殊性的影响

根据前文的分析，财产保险公司的利润容易受到操纵，因此，单一的利润或净资产收益率、总资产收益率指标难以真实全面地反映公司绩效情况，所以必须有其他指标结合，才能规避利润操纵的影响，全面、正确地评价公司绩效。

（二）风险聚集性的影响

由于财产保险公司是以风险为经营对象，通过对风险的分散转移来盈利，精算技术又依赖于强大的数据能力和专业能力强的技术人员，因此，财产保险公司面临更大的风险，必须具有更强的抗风险能力，以防止公司破产清算。普通公司反映抗风险能力的是偿债能力，即偿还到期债务的能力，一般用流动比率或速动比率来衡量，当企业不能偿还到期债务，即面临破产的风险。财产保险公司债务的特殊性决定了应采用偿付能力来衡量抗风险能力。在债务方面，财产保险公司既有与其他企业相同的普通债务，也有保险公司特有的债务。对于普通企业，款项支付往往在商品和劳务交易之时或交易之后。保险业务却相反，投保人先交保费投保，在支付保费后，保险公司才开始提供服务，承担保险责任，直到保险责任结束，理赔或给付义务履行完毕，这项交易才结束。当保险公司收取保险费时就已经形成债务关系，因此，财产保险公司的资产负债率很高，一般都在百分之七十以上，绝大部分都是公司对被保险人的债务。财产保险公司对被保险人的债务可分为两类，第一类是尚不确定是否真正发生的债务，即“未到期责任准备金”或“长期责任准备金”。保险公司已收取保费，但还有相应比例的保险责任期限未履行完毕。第二类是已经发生但尚未支付的债务——“未决赔款准备金”。保险事故已发生，理赔金额已确定但未结案支付，或因处于理赔过程中尚无法确定赔付金额而进行一定的预估。由于保险公司有一部分特殊的债务，因此采用偿付能力更能反映保险公司的抗风险能力。

---

① Jensen, Murphy. Performance Pay and Top－management Incentives [J]. Journal of Political Economy, 1994 (2): 225-264.

二、绩效评价的原则、内容及指标

（一）绩效评价的原则

1. 反映公司生存、发展、盈利三方面的目标

绩效评价是对公司目标实现程度的评价，应反映公司的生存、发展和盈利三方面的目标。公司绩效评价应包括对抗风险能力的评价、对发展能力的评价和对盈利能力的评价三方面的内容。

2. 以资本、劳动力投入为出发点

公司作为一个自组织，是股东投入资本，雇员投入劳动力，共同组成以降低交易成本和创造财富为目的的经济组织。资本和劳动力的结合是公司的起源，有了资本和劳动力，公司才开始购置材料、固定资产，进行生产、销售等一系列生产经营活动。公司有了资本和劳动力后，通过公司治理、管理等一系列活动最终实现公司的生存、发展和盈利。因此，公司绩效评价中的投入应是资本和劳动力。

3. 综合性

对公司绩效的评价有两种思维方式。第一种是分解式，将公司细分为诸多侧面，分别用不同的指标来反映，杜邦财务分析体系就将绩效评价分解为多个指标，财政部设定的保险企业绩效评价指标达 10 个，平衡积分卡涉及财务、客户、内部运营、学习与成长四方面的数十项细化指标。第二种是综合模糊型，用尽量少的指标来综合反映，如托宾 Q = 公司市场价值/资产重置成本，公司市场价值 = 公司股票市值或债务资本市场价值，式中均以市场价值为计算依据。市场价值是一个综合性指标，市场对公司的评价已经综合考虑了公司的净资产收益率、资产负债率、资产周转率、流动比率及未来不确定因素等做出的评价，这个指标既简洁又全面。公司是一个综合性的生命体，影响因素纷繁复杂，其绩效表现也有很多方面，如果需要分析公司局部的绩效，采取分解式模型更有针对性。但如果针对公司整体进行绩效评价，则应采取综合性的方式。采取分解式很难把所有的因素考虑全面，容易出现遗漏；采取综合性方式，以少数综合性指标来反映公司绩效，可以避免出现以偏概全的问题。

4. 可比性

绩效评价只是手段，并非目的，最终目的是通过比较分析，改进制度、提高工作水平。各公司绩效基础不同，绩效绝对值也因此而不同，所以各公司必须采取比率等方式统一各公司的基数，增强可比性。贴现现金流量模型和经济增加值（EVA）都是绝对值型，可能会影响绩效评价的可比性。

（二）绩效评价的内容

按照公司绩效评价的原则，结合财产保险公司特点，绩效评价应包括相互依存、互为促进的以下几个方面。

1. 发展能力

公司有良好的发展能力，才能不断取得收入，不断发展壮大，使公司价值越来越大，持续经营下去。

2. 盈利能力

盈利能力是公司获取利润的能力。利润是公司内外有关各方都关心的中心问题。利润是股东投入资本保值增值的来源，是职工薪酬和职工福利设施完善的重要保障，是国家所得税的来源，也是公司增加积累、扩大发展的途径。利润是公司良好前景的集中表现。公司有盈利才能分配股利，使资本保值增值，才能为雇员发放薪资奖金，给股东和雇员提供持续不断的“诱因”，使其留在公司内，并付出努力。

3. 偿付能力

财产保险公司偿付能力是指财产保险公司对承担的保险责任在发生保险事故时应履行的赔偿或给付义务的能力。偿付能力反映了保险公司的抗风险能力，体现公司经营的稳定性，是体现公司生存能力的一项重要指标。保险公司经营的任务就是为被保险人进行风险分散和转移，保险合同约定的就是投保人缴纳保费后，发生合同范围内的保险事故时，由保险公司对受益人给予经济上的补偿或保障，偿付能力是保险公司履行保险合同的能力。银保监会规定，保险公司偿付能力低于规定标准时，应停止接受新业务，并及时补足实际资本，这说明偿付能力也是保险公司与投保人签订合同的基本能力，只有具备偿付能力了，才能与投保人签订合同，公司才有存在的意义。如果在没有偿付能力的情况下去签订合同，这实质上是一种欺骗行为。

4. 三者的关系

财产保险公司发展能力、盈利能力、偿付能力是既相互支撑又相互冲突的关系。公司有发展能力，盈利能力才会持续增强，盈利能力提高则会提高偿付能力。但是，如果公司发展过快，业务过快增长，会增大准备金提转差，降低盈利能力和偿付能力，因此，三者必须保持平衡。由净资产收益率、总资产收益率、经济增加值等单一方面内容来反映公司绩效具有片面性，也容易受到操纵，从发展能力、盈利能力和偿付能力三方面内容更能综合地反映公司绩效。

（三）绩效评价的指标

1. 投入指标

从公司治理角度看，公司是由股东投入资本，雇员投入劳动力而组成的自组织。因此，我们应该选择股东投入的资本和雇员投入的劳动力作为财产保险公司绩效评价的投入项目。

（1）资本投入指标包括期初投入的实收资本、资本公积，以及期间增加的投资或因股利分配等原因而减少的直接投资，还有经营中形成的应由股东承担的亏损或留存于公司未分配的盈利。数据取自资产负债表的所有者权益，即投入资本=（期初所有者权益+期末所有者权益）/2。

（2）劳动力投入指标包括董事、监事、高管、普通员工等投入公司的劳动力。为便于分析，我们用公司支付的职工薪酬表示，包括工资、社保、住房公积金、辞退福利等各种形式的报酬及其他相关支出。数据取自资产负债表和现金流量表的相关栏目数据计算而来，即投入劳动力=支付给职工以及为职工支付的现金+期末应付职工薪酬-期初应付职工薪酬。

2. 产出指标

根据财产保险公司绩效评价内容，产出指标应包括发展能力、盈利能力、偿付能力三方面的指标。

（1）发展能力指标：保险业务收入。

根据马克思主义理论，流通领域虽然并不创造价值，但只有实现了“W-G这惊险的一跳”，在生产过程中创造的价值才能得以实现。在市场经济中，通过销售获得收入是实现价值的关键前提，取得销售收入才能收回前期的投入、获得利润、使公司不断发展。销售收入越多，公司有更大的客户群，业务发展的潜力就越大。因此，应该以公司的销售收入来反映公司的发展能力。

财产保险公司的收入包括保险业务收入、投资收益、汇兑收益及其他业务收入等。在这些收入中，除保险业务收入外的其他几项收入并非主营业务收入，不能反映公司的销售情况、市场状况。保险业务收入是公司的主营业务收入，能反映公司的销售情况、市场地位、客户状况。对股东而言，每单位资本投入的保险业务收入越大，为收回投资和利润的创造就提供了更好的条件。对员工而言，保险业务规模大说明业务量大，员工的工作更有保障，业务提成也更多。更大规模的保险业务收入还体现保险公司承担了更大的保险责任，为国家提供的保险保障更多，为国家做出的贡献越大。该数据取自利润表的“保险业务收入”栏目。

（2）盈利能力指标：利润总额。

利润是公司盈利能力的综合反映，利润指标越大，盈利能力越强。利润指标有利润总额和净利润两项指标，利润总额指标更能反映公司的实际获利能力，避免所得税递延等因素的影响。同时，利润也能反映股东及雇员的目标实现程度。利润总额属于税前利润，指标越大说明向国家缴纳的所得税越多，可供股东分配的净利润也越多。该数据取自利润表中的“利润总额”项目。

（3）偿付能力指标：资本溢额。

偿付能力是指财产保险公司履行赔偿或给付责任的能力，公司应具有与其业务规模相适应的偿付能力，对偿付能力的监管是国家对保险市场监督和管理的核心内容。偿付能力由认可资产和认可负债的差额来反映，又分为最低偿付能力和实际偿付能力。最低偿付能力是财产保险公司必须满足的偿付能力要求，即由保险法规规定的保险公司在存续期间必须达到的认可资产与认可负债之间差额。实际偿付能力是指根据监管法规、会计准则调整后的认可资本，即认可资产减去认可负债的差额。银保监会制定了认可资产和认可负债的确认标准。认可资产指剔除了长期投资、部分固定资产、部分预付赔款等变现能力较差的资产后显现能力较强的资产。认可负债包括应付赔款、应付职工薪酬等一般性债务，未到期责任准备金、未决赔款准备金等责任准备金，次级债等资本性债务，以及按比例折算的担保等行为而产生的或有负债。

根据规定，财产保险公司的实际偿付能力必须大于最低偿付能力。因此，我们将实际偿付能力大于最低偿付能力的程度来作为公司偿付能力的指标，即资本溢额=实际偿付能力-最低偿付能力。资本溢额大于等于0，说明符合监管规定，偿付能力充足。资本溢额小于0，说明应立即补充资本或变现非认可资产，以增加认可资产；也可以控制业务规模，减少责任准备金，或减少担保等以减少认可负债。资本溢额越大，说明公司偿付能力更强，有更强的抗风险能力。对公司而言，减少破产风险可以使经营更稳定；股东因公司持续经营而得以保本增值，雇员也能继续工作。资本溢额的数据取自偿付能力的相关信息。

三、财产保险公司绩效评价方法——数据包络分析法

（一）绩效评价方法简介

绩效评价的方法众多，本书主要介绍以下三种绩效评价的方法。

（1）单因素指标分析法。最早出现也是最常使用的绩效评价方法是单因素指标分析法，通过选择一些较为方便的单要素对比，形成比率来进行分析，

如人均利润、综合赔付率、续保率、资产收益率、净资产收益率等，这种方法简单易行，数据的获取和处理较为方便，但存在不够全面、难以深入分析绩效影响因素的缺点。

（2）层次分析法。20 世纪 70 年代，美国运筹学家 A. L. Saaty 提出层次分析方法（Analytical Hierachy Process，AHP），层次分析法通过把影响绩效的因素进行分解，构建有层次的结构模型，并给予各层次不同的权重，最终得出绩效。这种方法因对影响因素的深入分析得到广泛的运用，但存在需要专家主观判断的缺陷。

（3）前沿面分析法。前沿面分析法（Frontier Analysis）是从投入产出的角度测度经营单位相对效率值的方法，是目前微观效率分析中最常用的方法之一。1957 年 Farell 引入了前沿生产函数的概念，核心思想就是根据一组投入产出指标，采用线性规划方法来构建生产前沿面，并根据样本与前沿面的距离来计算效率值。前沿面分析法包括参数法和非参数法，参数法在测定决策单元的绩效水平时，要根据不同的假定条件在投入和产出之间假设明确的效率前沿函数，然后在既定条件下利用回归方法估计函数的参数，同时考虑到随机误差项的影响，最常用的是随机前沿分析法（SFA）；非参数法不预先设定生产前沿面的具体函数形式，而是在一定生产有效性的标准下，从所观测的大量实际生产点中采用合适的方法找出位于生产前沿面上的相对有效点，构成效率前沿面。而且，非参数法在构建生产前沿面时假定不存在随机误差项。非参数法最常见的是数据包络分析法（Data Envelopment Analysis，DEA）。由于 DEA 的特点，本书将其作为财产保险公司绩效评价的方法。

（二）数据包络分析法（DEA）

美国经济学家查恩斯（A. Charnes）、库柏（W. W. Cooper）和罗兹（E. Rhodes）于 1978 提出了前沿生产函数非参数线性规划方法——数据包络分析法（Data Envelopment Analysis，DEA）。其基本原理是将所有可比较决策单元的输入数据和输出数据包络面的有效部分形成生产前沿面；如果决策单元落在前沿面上就称为 DEA 有效，否则称为 DEA 无效；我们用偏离程度来评价其相对有效性。DEA 的应用范围很广泛，其模型在应用中不断得到扩展。DEA 的基本模型有两种。一种是基于规模收益不变的 CCR 模型，我们假设规模收益不变，计算出的技术效率包含规模效率的成分，通常被称为综合技术效率（CRS）。另一种是基于规模收益可变的 BCC 模型，计算出的技术效率排除了规模的影响，被称为纯技术效率（VRS）。综合技术效率＝纯技术效率×规模效率。DEA 方法有以下特点：

（1）适用于多输入、多输出的有效性综合评价。

（2）DEA 方法不直接对数据进行综合，决策单元的最优效率指标与投入指标值和产出指标之的量纲选取无关，无须事前对数据进行无量纲化处理。

（3）无须任何权重假设，以决策单元输入输出的实际数据求得最优权重，排除了主观因素的影响。

（4）DEA 方法明确输入和输出之间存在某种联系，但不需要具体确定这种关系的表达式。

由于 DEA 具有的非参数前沿方法的优越性，其运用发展非常迅速，已成为近年来测度具有多投入、多产出决策单元（Decision Making Unit，DMU）间相对有效率的主流方法，广泛运用于教育、农业、环境、经济、管理、医疗、军队等众多领域。

（三）数据包络分析中各指标在财产保险公司绩效分析中的意义

（1）技术效率（TE），也称综合技术效率，反映公司投入产出的绩效。

（2）纯技术效率（PTE），在技术效率（TE）中剔除了规模的影响，更能体现公司在既定规模条件下，开展公司治理、管理活动对公司绩效的贡献，直观反映治理、管理对公司绩效的作用。

（3）规模效率（SE），指在一定治理和管理水平的前提下，财产保险公司现有规模和最优规模之间的绩效差异，即规模对公司绩效的贡献。

各指标具有以下关系：TE＝PTE×SE。

四、我国财产保险公司绩效的数据包络分析（DEA）

（一）样本来源

由于保险公司前期经营的波动较大，各项数据不稳定，难以反映公司的真实情况，在持续经营 2 年后才能基本稳定，报表数据也才较为有效地反映公司的情况。为此，本书选取 2009 年 12 月以前就已成立的财产保险公司 2011—2015 年的数据进行分析。2009 年 12 月以前成立的财产保险公司共 52 家，中资公司 34 家，外资公司 18 家。其中，阳光农业相互保险公司是相互制财产保险公司，中国信用保险公司属政策性保险公司，中华联合财产保险股份有限公司的经营出现异常波动，天平车险与丰泰保险于 2014 年合并成立安盛天平保险，在剔除以上公司后，剩余 47 家样本公司。其间，大众保险更名为史带财险，太阳联合财险更名为瑞再企商财险，民安财险更名为亚太财险。

数据来源于各样本公司自 2010 年以来按监管部门要求在门户网站上公开的年度信息披露报告。该数据涉及资产负债表、利润表、现金流量表、所有者权益变动表以及偿付能力的信息。

（二）DEA 测算结果

本节针对 47 家样本财产保险公司 2011—2015 年共五年的投入产出面板数据，采用规模可变的 C2R 模型，使用 MAXDEA 软件求解所涉及的 DEA 模型线性规划问题，得到各保险公司的技术效率及其分解后的纯技术效率和规模效率。软件运行概况如图 5-1，测算结果分别如表 5-1、表 5-2、表 5-3 所示。

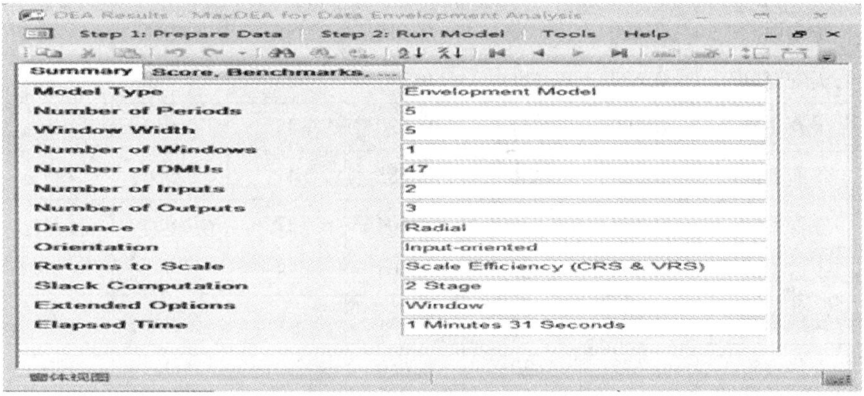

图 5-1　软件运行概况

表 5-1　2011—2015 年各公司年均效率值

变量	2011 年	2012 年	2013 年	2014 年	2015 年	均值
TE	0.714	0.660	0.595	0.639	0.631	0.647
PTE	0.778	0.721	0.668	0.707	0.702	0.714
SE	0.918	0.915	0.891	0.904	0.899	0.905

注：TE 为技术效率，PTE 为纯技术效率，SE 为规模效率。

表 5-2　2011—2015 年各公司平均效率值及排名

公司	TE 均值		PTE 均值		SE 均值	
	效率值	排名	效率值	排名	效率值	排名
人保财险	0.886	4	1.000	1	0.886	33
国寿财险	0.722	13	0.749	18	0.964	18
大地保险	0.675	17	0.697	25	0.968	14
太平财险	0.767	11	0.773	15	0.993	3

表5-2(续)

公司	TE 均值		PTE 均值		SE 均值	
	效率值	排名	效率值	排名	效率值	排名
太保产险	0.825	7	0.949	5	0.870	37
平安产险	0.938	2	0.963	4	0.974	11
阳光产险	0.678	16	0.692	26	0.980	10
华泰财险	0.590	30	0.618	34	0.956	20
天安财险	0.627	21	0.712	22	0.880	35
大众史带	0.500	44	0.520	45	0.962	19
华安财险	0.564	38	0.583	41	0.966	17
永安财险	0.577	33	0.604	37	0.955	21
永诚财险	0.594	28	0.604	38	0.984	6
安信农险	0.598	27	0.652	29	0.918	28
安华农险	0.632	20	0.650	30	0.972	13
安邦财险	0.932	3	0.941	6	0.990	4
渤海财险	0.623	22	0.631	32	0.987	5
都邦财险	0.618	23	0.639	31	0.967	16
华农财险	0.556	40	0.709	24	0.784	42
民安亚太	0.578	32	0.597	40	0.968	15
安诚财险	0.573	36	0.733	21	0.782	43
中银财险	0.640	19	0.759	17	0.843	41
英大财险	0.853	6	0.868	12	0.982	8
长安责任	0.576	35	0.611	36	0.942	24
国元农险	0.989	1	0.994	2	0.995	1
鼎和财险	0.711	14	0.745	20	0.954	22
中煤保险	0.536	41	0.617	35	0.869	38
紫金财险	0.530	42	0.534	44	0.993	2
浙商财险	0.556	39	0.565	42	0.984	7
信达财险	0.491	46	0.501	47	0.980	9

表5-2(续)

公司	TE 均值		PTE 均值		SE 均值	
	效率值	排名	效率值	排名	效率值	排名
中意财险	0.577	34	0.833	14	0.693	45
国泰产险	0.568	37	0.763	16	0.745	44
美亚财险	0.494	45	0.508	46	0.973	12
东京海上	0.650	18	0.711	23	0.915	29
太阳联合	0.607	24	0.677	27	0.897	32
丘博财险	0.592	29	0.983	3	0.603	47
三井住友	0.603	25	0.660	28	0.914	30
三星财险	0.699	15	0.748	19	0.935	25
安联财险	0.804	10	0.889	9	0.904	31
日本财产	0.513	43	0.598	39	0.858	39
利宝财险	0.470	47	0.555	43	0.848	40
中航安盟	0.587	31	0.618	33	0.949	23
苏黎世	0.744	12	0.849	13	0.876	36
现代财险	0.823	8	0.935	8	0.880	34
爱和谊	0.601	26	0.875	11	0.686	46
日本兴亚	0.814	9	0.882	10	0.922	27
乐爱金	0.870	5	0.941	7	0.924	26
均值	0.647		0.714		0.905	

注：TE 为技术效率，PTE 为纯技术效率，SE 为规模效率。

表 5-3　2011—2015 年各公司规模报酬综合情况

变量		2011 年	2012 年	2013 年	2014 年	2015 年
CRS	公司数/个	8	2	0	4	2
	占比/%	17.02	4.26	0.00	8.51	4.26
DRS	公司数/个	8	8	7	13	18
	占比/%	17.02	17.02	14.89	27.66	38.30

表5-3(续)

变量		2011 年	2012 年	2013 年	2014 年	2015 年
IRS	公司数/个	31	37	40	30	27
	占比/%	65.96	78.72	85.11	63.83	57.45

（三）综合分析

1. 技术效率

2011—2015 年我国财产保险业技术效率平均值为 0.647，最高值也仅为 0.989，5 年间样本公司的平均技术效率均处于无效状态，这和我国财产保险业绩效较低的直观结论相吻合。同时这也说明在给定产出水平的前提下，财产保险公司可以大幅度减少劳动力投入和资本投入。样本期间技术效率均值最高的年份是 2011 年，达 0.714，最低的是 2013 年，为 0.595；各保险公司技术效率平均水平在 0.470~0.989 波动，国元农险均值最高，最低的是利宝财险，各公司间差距较大。仅有安邦财险、国元农险、平安产险、乐爱金、太保产险、人保财险、日本兴亚共 7 家公司每年都保持在当年的平均值以上。其余公司的技术效率损失较大。

2. 纯技术效率

纯技术效率平均值为 0.714，意味着如果行业内的公司都达到了最优治理、管理水平，资本和劳动力投入的 28.6%能够节省下来。每年都处在纯技术效率前沿面上的公司仅有人保财险，另 46 家公司均存在纯技术效率损失，其中国元农险、丘博财险、平安产险、太保产险纯技术效率平均值大于 0.95，较为接近前沿面。从年份看，与综合技术效率类似，2011 年的纯技术效率值最高，达 0.778，2013 年仅为 0.668，处于最低水平。

3. 规模效率及规模报酬

规模效率平均值为 0.905，绝大部分保险公司规模效率都很高，但是没有一家公司的平均规模效率处在前沿面上，都有不同程度的规模效率损失。根据样本公司样本期间规模状态，太平财险、渤海财险、浙商财险、信达财险、美亚财险、安华农险、民安亚太、大众史带、长安责任、安信农险、东京海上、三井住友、太阳联合、苏黎世、中煤保险、日本财产、利宝财险、华农财险、国泰产险、丘博财险共 20 家公司每年都处于规模报酬递增状态，平安、大地、太保、安诚 4 家公司各年均处于规模报酬递减状态。从各公司年度规模报酬状态分析，在 235 个公司的数据中，除去 54 个公司的规模报酬递减外，有 181 个公司是规模报酬递增或不变，占比 77%；从 47 家公司 2015 年的规模报酬状态看，有 29 家公司是规模报酬递增或不变，占比 62%，说明我国财产保险业确实有进一步做大的巨大潜力。

根据表 5-3，2011—2015 年以 DRS 状态运营的财产保险公司的数量和比重均有波动递增的趋势，说明我国财产保险公司存在扩大规模的压力。

（四）趋势分析

将各年的技术效率、纯技术效率和规模效率进行平均，并取各年平均值构建 2011—2015 年间的趋势，如图 5-2 所示。从图 5-2 中可以看出，三项效率均呈现下降趋势。再对 2011—2015 年各效率指标位于前沿面的公司数量进行分析，位于技术效率前沿面上的公司数量分别为 8、2、0、4、2；位于纯技术效率前沿面上的公司数量分别为 13、5、4、7、7；位于规模效率前沿面上的公司数量分别为 9、4、2、5、2。三项指标处于前沿面的公司数量也呈现随年度的下降趋势。这说明，随着时间的推移，无效率财产保险公司数量有增加的趋势，整个财产保险行业的效率损失在加大，说明财产保险业投入的浪费程度加重了。

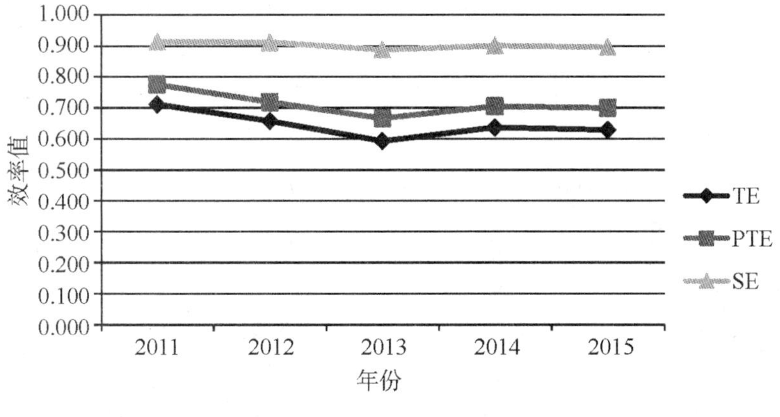

图 5-2　2011—2015 年平均效率趋势

（五）投入冗余分析

1. 按年度分析

如表 5-4 所示，按 2011—2015 年的样本公司数据平均，2011 年投入冗余占比最少，为 13.21%，2015 年占比最高，达 24.28%，均值为 21.49%。劳动力投入冗余占比最少的也是 2011 年，为 15.42%，最高的年份为 2015 年 27.34%，均值为 24.23%。总体来看，投入冗余有增大趋势，而且劳动力的冗余大于资本冗余。

表 5-4　各年平均投入冗余值　　　　金额单位：亿元

变量		2011 年	2012 年	2013 年	2014 年	2015 年	均值
资本	实际投入	24. 19	31. 70	37. 45	47. 34	61. 64	40. 46
	投入冗余	-3. 20	-6. 52	-8. 74	-10. 05	-14. 97	-8. 70
	可减少/%	13. 21	20. 57	23. 35	21. 23	24. 28	21. 49
劳动力	实际投入	8. 96	11. 16	12. 71	14. 70	16. 97	12. 90
	投入冗余	-1. 38	-2. 78	-3. 22	-3. 61	-4. 64	-3. 13
	可减少/%	15. 42	24. 90	25. 35	24. 54	27. 34	24. 23

2. 按公司分析

如表 5-5 所示，资本投入冗余占比最小的公司为 1%，占比最大的公司高达 54%。国元农险、平安产险、安邦财险 3 家公司的冗余占比低于 10%，大众史带、美亚财险和利宝财险 3 家公司的冗余占比达 50%以上。劳动力投入冗余占比最小的公司为 1%，占比最大的公司高达 64%。国元农险、平安产险、安邦财险 3 家公司的冗余占比低于 10%。永安财险、长安责任、利宝财险、信达财险、民安亚太、大众史带、丘博财险、渤海财险、美亚财险等 13 家公司的冗余占比达 50%以上。

表 5-5　2011—2015 年各公司年度平均投入冗余统计分析

	N	范围	最小值	最大值	平均数	标准偏差
资本实际投入/元	47	5 808 376	10 344	5 818 720	404 645. 71	997 441. 762
资本投入冗余/元	47	805 010	1 882	806 892	86 956. 96	139 019. 882
资本可减少/%	47	0. 53	0. 01	0. 54	0. 344 9	0. 129 46
劳动力实际投入/元	47	2 070 747	995	2 071 743	128 983. 40	339 323. 609
劳动力投入冗余/元	47	263 925	133	264 058	31 253. 61	48 971. 227
劳动力可减少/%	47	0. 63	0. 01	0. 64	0. 392 6	0. 168 03
有效的 N（listwise）	47					

从对投入冗余的分析中可以看出，我国财产保险业资源存在严重的浪费现象，现有的管理水平及规模水平存在很大问题，需要改进和提高。

五、我国财产保险公司绩效评价结论

综合前面的分析，我们得出如下结论：

（1）我国财产保险业公司的绩效较低且呈现轻微的下降趋势。2011—2015年各公司的技术效率均值为0.647，纯技术效率均值为0.714，规模效率均值为0.905。各公司间效率差异较大，技术效率最高为0.989，最低为0.474，标准偏差达0.13。纯技术效率最高为1，最低为0.51，标准偏差达0.14。

（2）技术非效率主要源于纯技术效率过低，规模效率的损失相对更小。这说明我国财产保险公司在公司治理、企业管理等非规模因素方面对绩效的负面影响较大。

（3）我国财产保险公司存在极大的资源浪费情况，劳动力、资本的实际投入分别需要减少24.23%、21.49%。

第二节 研究假设及计量分析概述

一、关于股东治理对绩效影响的研究假设

（一）股东结构对绩效的影响

我国财产保险公司股东结构存在三种模式，一种是大量的小股东和一个控股股东，一种全部是小股东，一种是多个大股东和大量的小股东。三种模式体现出股权在股东间的分布，也影响着股东的行为方式。Pederson和Thomsen（1999）、Holderness和Sheehan（1988）等对股权结构与绩效的关系进行实证研究得出了不同的结论。当前，我国财产保险公司股权集中度较高，制衡度较低，根据本章第一节的分析，我国财产保险公司的绩效较低且呈现轻微的下降趋势。这可能是因为缺少对大股东的制衡，受到少数大股东的控制，受到大股东单方面目标取向影响。因此，我们假设：

H1-1：股东的股权越集中，公司绩效越低；股东间的制衡度越高，公司绩效越高。

（二）股东性质对绩效的影响

根据财产保险公司股东的中资、外资性质及关系，我们可以将财产保险公司分为中资保险公司、外资保险公司、中外合资保险公司。中资保险公司指大股东为中资公司，且其他股东中没有对公司有重大影响的外资股股东；外资保险公司指大股东为外资公司；中外合资保险公司指大股东和对公司有重大影响的股东中既有中资股东又有外资股东。虽然外资股东有丰富的财产保险经营管理经验，但外资股东进入国内财产保险市场的时间并不长，对国内市场并不熟

悉，人力资源缺乏，业务渠道缺失。因此，我们假设：

H1-2：外资股东对绩效有负向影响，中资股东对绩效有正向影响。

我们将中资大股东进一步细分为国资管理机构股东、央企股东、地方国企股东和民企股东。国资管理机构股东有选聘董事和管理层的权力，但其负责人的升迁并不直接与经营结果挂钩，所以对公司绩效并不产生显著性影响。央企和地方国企股东受行政干预的程度更小，且经营结果与薪酬挂钩，因此，中资股东可能会对绩效产生直接影响。民营股东有更大的自身利益追求，更加重视现金流、利润、业务规模或偿付能力，很难平衡好各方面的指标。因此，我们假设：

H1-3：中央国资管理机构大股东对绩效无显著相关性。

H1-4：央企和地方国企大股东对绩效有正向影响。

H1-5：民营大股东对绩效有负向影响。

二、关于董监高构成对绩效影响的研究假设

（一）董事构成对绩效的影响

我国财产保险公司的董事人数差异大。奥尔森在《集体行动的逻辑》中指出，小集团比大集团更容易组织起集体行动，采取行动的小集团的平均成员数是6.5，而不采取行动的小集团的平均成员数是14。因此，我们假设：

H2-1：董事人数越多，公司绩效越低。

（二）董事独立性对绩效的影响

在我国财产保险公司的董事中，多数公司的执行董事仅是董事长和总经理，部分公司设置了职工董事。很少有公司将副总经理等其他高管纳入董事会，之所以这样设置，可能是认为保持董事与管理层的分离、降低执行董事比例有利于监督职能发挥作用。部分公司选择设置职工董事，也是为了增加职工这一特殊身份的作用，为董事会的决策提供更为丰富的信息。因此，我们假设：

H2-2：执行董事占比对绩效有负向影响。

H2-3：职工董事占比对绩效有正向影响。

独立董事制度在美国是相当成熟的一种董事会制度，我国自2003年正式在上市公司实施独立董事制度，2007年保监会又印发独立董事管理办法，明确股份有限公司必须设立独立董事，寄希望于通过独立董事制度的建立来增强董事会的独立性、专业性和提高公司的治理水平。除聘任来自高校科研单位的专家外，部分公司还聘请具有资深保险业经验的专家担任独立董事。因此，我

们假设：

H2-4：独立董事规模和占比对绩效有正向影响。

H2-5：来自保险业的独立董事占比对绩效有正向影响。

（三）监事构成对绩效的影响

监事的责任是监督，多数公司的监事人数较少，监事发挥的作用也很小，这是因为监事人数太少，力量不够，缺乏履行监督职能的能力。因此，我们假设：

H2-6：监事规模对公司绩效有正向影响。

职工监事作为特殊的监事群体，从表面上看代表职工的利益，而且掌握基层的信息。但是，多数财产保险公司的职工监事并不是真正来自基层职工，而是人力资源部门、纪检监察部门、审计合规部门等总公司部门负责人，他们的薪酬、职务直接由高管决定；因此，多数财产保险公司既缺乏基层的信息，又缺乏监督的独立性。与职工监事相比，股东监事虽然过于代表股东利益，也缺乏对公司信息的掌握，但其独立性更强，监督的可操作性更强。因此，我们假设：

H2-7：股东监事占比对绩效有正向影响，职工监事占比对绩效有负向影响。

（四）高管构成对绩效的影响

从高管规模看，高管人数越多，经营管理能力就越强，有利于提高公司绩效。从高管性别构成来看，多数财产保险公司的高管都是男性，但女性具有不同于男性的特质，增加女性高管更能增强高管团队的综合能力。因此，我们假设：

H2-8：高管规模对绩效有正向影响。

H2-9：女性高管占比对绩效有正向影响。

（五）总经理和董事长两职设置对绩效的影响

虽然财产保险业是一个市场化程度高、竞争激烈的行业，市场瞬息万变，需要很高的决策效率，董事长和总经理两职分离可能会影响决策效率。但是，财产保险公司的经营特性导致盈余操纵的可能性大，董事会应加强监督。因此，我们假设：

H2-10：总经理和董事长两职合一对绩效有负向影响。

三、关于董监高特征对绩效影响的研究假设

董事会、监事会和管理层中，负责人总是起着重要作用，本章主要针对董

事长、监事长和总经理进行分析。

（一）年龄对绩效的影响

虽然人的生理机能与年龄呈倒U形关系，但是，随着社会生活水平及医疗水平的提高，人的寿命在延长，国家也在考虑将退休年龄从60岁延长至65岁，说明倒U形的顶点在延后，且随着年龄增加，人的阅历更加丰富。因此，我们假设：

H3-1：董事长、监事长和高管年龄对绩效有正向影响。

（二）任职期限对绩效的影响

当前，财产保险业董事长、总经理等高层次的管理人员变动频繁，之所以变动如此频繁，可能是因为有利于公司绩效提高。因此，我们假设：

H3-2：董事长、监事长和总经理任职期限对绩效有负向影响。

（三）保险从业经验对绩效的影响

新成立的财产保险公司往往通过各种渠道去挖掘其他公司的业内人士，业内人士的优势在于拥有丰富的业界资源和行业经验。但是，股东董事和股东监事一般又是股东，除母公司为保险集团或国外母公司外，其他财产保险公司的股东，尤其是大股东并非来自保险业，股东大会的董事和监事也往往没有财产保险经验。因此，我们假设：

H3-3：董事长、监事长的保险行业经验对绩效没有显著影响。

H3-4：总经理的保险行业经验对绩效有正向影响。

（四）受教育程度对绩效的影响

董事长和监事长并不直接参与具体经营管理，重在对宏观战略的把握和监督，更高的受教育程度有利于他们高瞻远瞩、拓宽视野。因此，我们假设：

H3-5：董事长和监事长的受教育程度对绩效有正面影响。

总经理负责具体的经营管理，来自实践的实战能力比受教育程度更为重要，而且学历越高，反而更容易纸上谈兵。因此，我们假设：

H3-6：总经理受教育程度与绩效无显著关系。

四、公司治理对绩效影响的计量分析概述

（一）变量选择

1. 被解释变量

公司治理对绩效影响的研究中，多数选择总资产收益率、净资产收益率或托宾Q等指标。托宾Q虽有综合性，但绝大多数财产保险公司均未公开上市，无法通过市值取得相应的数据。总资产收益率和净资产收益率又属于单一指

标，主要反映管理层对资产经营的盈利能力和股东投入资本的盈利能力，不能综合反映公司的绩效，本书采用数据包络分析法（DEA）计算的绩效作为被解释变量。在 DEA 的计算中，有综合技术效率（SE）、纯技术效率（PTE）、规模效率（SE），其中纯技术效率剔除了规模效率的影响，直接反映公司治理的作用，因此我们选择纯技术效率（PTE）作为被解释变量。

2. 解释变量

根据研究假设，我们设置股权集中度、股权制衡度、董事规模、董事结构、独立董事来源、监事规模、监事结构、高管规模、高管结构、总经理与董事长两职合一、董监高年龄、从业经验等解释变量。具体变量设置情况见后面各节的内容。

3. 控制变量

我们根据诸多文献的研究惯例选取部分控制变量。Kaplan 和 Reishus（1990）及 Vafeas（1999）研究发现公司债务水平对经营业绩有显著的正向影响；Yermack（1996）及 Bhahat 和 Black（2000）发现公司规模越小，越容易获取超额收益。因此，我们选取资产规模（SIZE）和财务杠杆（LEV）作为控制变量。国内的实证研究大多采用资产总额表示公司规模，因此本书采用公司资产平均总额表示公司规模。考虑到公司规模一般都较大，因此我们在回归模型中以平均总资产的自然对数作为公司规模的衡量指标。财务杠杆用平均资产负债率表示。

（二）样本选择和数据采集

为了便于计量分析，样本选择与第一节的绩效评价实证相同，选取 2009 年年底前就已成立的财产保险公司 2011—2015 年的数据作为样本选取的基底，并剔除 5 家公司，剩下 47 家公司作为样本公司，取这 47 家公司 2011—2015 年数据为样本数据。样本数据为面板数据，同横截面数据相比，用面板数据进行分析得出的结论更具稳定性，受某年度的外部因素或异常因素干扰更小。

根据保监会规定，自 2011 年开始，各公司应对公司治理信息进行报告和披露。因此，本书样本数据采集于各公司门户网站的信息披露栏目。由于各公司披露内容存在差异、缺失，因此，也存在部分样本数据的缺失。

（三）回归分析方法

本书采用描述性统计分析法对我国财产保险公司治理现状进行简要分析，然后采用回归分析法对公司治理对绩效的影响进行分析。本书以公司绩效作为被解释变量，治理变量作为解释变量，公司规模和财务杠杆作为控制变量，通过回归结果中回归系数的符号和显著性，判断各变量作用的方向和大小，对研究假设进行检验。本书采用 STATA12 系统软件作为实证研究的工具。

本书的样本数据为面板数据，既有截面维度的数据又有时间序列维度的数据。面板数据分为长面板数据和短面板数据。样本个体数量大、时间维度小的数据为短面板数据，短面板数据可忽略数据平稳性检验和协整检验，直接选择回归模型进行回归分析。但面板数据的回归模型比单纯的截面数据回归模型更为复杂。如果可观测的解释变量控制了个体的所有相关特征，就不存在相关的非观测特征，在这种情况下，应剔除非观测效应，把各样本、各期间的数据当成一个单一样本，采用混合 OLS 回归就可以合理地估计这个模型。如果可观测的解释变量并不能控制个体的所有相关特征，存在非观测效应，就会导致混合 OLS 回归产生低效估计和无效标准误。如果存在非观测效应的情况，我们就不能直接采用混合 OLS 回归，应考虑采用非观测效应的模型：固定效应模型和随机效应模型。固定效应模型和随机效应模型之间又存在适用情况下的优劣之分：非观测效应与可观测的解释变量存在相关性时，应采用固定效应模型；非观测效应与可观测的解释变量不存在相关性时，应采用随机效应模型。

本书样本个体为 47，时间维度为 5 年，属于短面板数据。从解释变量的选择来看，变量一定存在非观测效应，既有与个体相关的，又有与年度相关的非观测效应，因此我们不能直接选择混合 OLS 回归，应在固定效应模型和随机效应模型中进行择优选择，通常的方法是采用 Hausman 检验法来判断。但是，Hausman 检验不适用于存在异方差的情况，同时，Hausman 检验也不适用于非平衡面板数据。为提高分析的可靠性和回归估计质量，本书考虑个体与时间双向非观测效应，采用聚类标准误代替普通标准误避免时间序列数据所带来的异方差问题，增加模型的稳定性。在判断固定效应模型还是随机效应模型时，采用过度识别检验（STATA 软件中 xtoverid 命令），当 p-value 低于显著性水平时，研究应采用固定效应模型，否则采用随机效应模型。

（四）回归方程的选取

在回归分析中，我们采用以下线性回归模拟方程和曲线回归模拟方程，尽可能发现治理变量和绩效间的关系。

①$PTE = k0 + k1SIZE + k2LEV + \sum_{i=3}^{n} ki \times GOVi + \varepsilon$

②$PTE = k0 + k1SIZE + k2LEV + k3GOV + k4GOV^2 + \varepsilon$

③$PTE = k0 + k1SIZE + k2LEV + k3GOV + k4GOV^2 + k5GOV^3 + \varepsilon$

④$PTE = k0 + k1SIZE + k2LEV + k3\ln(GOV) + \varepsilon$

⑤$\ln(PTE) = k0 + k1SIZE + k2LEV + k3(1/GOV) + \varepsilon$

⑥$\ln(PTE) = k0 + k1SIZE + k2LEV + k3GOV + \varepsilon$

方程中，PTE 为绩效变量，$k0$ 为截距项，SIZE 为公司规模变量，LEV 为财务杠杆变量，GOV 代表治理变量，ε 为随机干扰项。第一个方程为线性回归方程，第二个方程为二次曲线方程，第三个方程为三次曲线方程，第四个方程对数曲线方程，第五个为 S 曲线方程，第六个为增长曲线方程。在回归分析时，本书首先采用方程 1 判断是否存在线性关系，如不存在线性关系，再对其他几个曲线关系方程进行模拟回归，探寻治理变量对绩效是否存在显著性影响。

第三节　股权结构和性质对绩效影响的检验

一、变量设置及描述性分析

（一）变量设置

股权关系是股东关系的核心关系，股权集中度、制衡度是体现股东结构的核心指标。根据第一大股东（含一致行动人）的性质，我们可将其可分为中央国资管理机构、央企、地方国企、民企、外企及无第一大股东或股权分散的情况。为此，我们设置以下治理变量。

1. 股权集中度变量

股权集中度的衡量一般有 CR 指数、H 指数，本书选择 CR 指数作为衡量集中度的变量指数，CR1 表示第一大股东持股比例，CR5 表示前五大股东持股比例。

2. 股权制衡度变量

本书选取第二大股东与第一大股东持股比例的比值 CR21，反映第二大股东对第一大股东的制衡；选取第二至五大股东持股的比例之和和第一大股东持股比例的比值 CR251，反映第二至五大股东在合谋的情况下对第一大股东的制衡。

3. 股东性质变量

本书根据大股东和对公司有重大影响的股东所具有的中外资性质对公司进行区分。中资指大股东为中资公司，且无对公司有重大影响的外资公司股东；外资指大股东为外资公司，且无对公司有重大影响的中资公司股东；中外合资指大股东或对公司有重大影响的股东中既有中资公司又有外资公司。对大股东性质进行区分，我们可将其分为中央国资管理机构（censtatehol）、中央国企

（censtatecompanyhol）、地方国企（lostatecompanyhol）、民营企业（procompany-hol）、外资企业（forcompanyhol）、股权分散且无重大影响大股东（nocs）。以上股东性质变量均为二值变量，是则取 1，否则取 0。

（二）治理变量描述性统计分析

1. 股权集中度和制衡度

如表 5-6 所示，第一大股东持股比例均值为 69%，持股 30%以上样本的占比 72%，持股 50%以上的样本占比 66%。前第五大股东持股比例均值为 89%，持股 50%以上的样本占比 96%。第二大股东对第一大股东制衡度均值为 31%，制衡度超过 50%的样本占比 44%。第二至五大股东对第一大股东制衡度均值为 80%，制衡度超过 100%的样本占比 44%。说明我国财产保险公司股权集中度高，股权制衡度低，中小股东对大股东的制衡较差。

表 5-6　股东结构描述性统计

variable	*N*	Mean	Sd	min	max
cr1	235	0. 69	0. 36	0. 1	1
cr5	235	0. 89	0. 17	0. 4	1
cr21	235	0. 31	0. 39	0	1
cr251	235	0. 8	1. 06	0	3. 75

2. 股东性质

如表 5-7 所示，大股东为中央国资机构的有人保财险、国寿财险、大地财险、太平财险 4 家公司，占比 8. 7%。大股东为央企的占比 17. 39%，大股东为地方国企的占比 20. 43%，大股东为民营企业的占比 6. 52%，大股东为外资的占比 33. 48%，剩下的 13. 46%为平安财险、太保等股权较为分散、第一大股东持股较低的公司。另外中航安盟的股东——中航集团和安盟两大股东各占 50%。

表 5-7　股东性质统计

变量	Censtatehol	Censtatecom panyhol	Lostatecompan yhol	prcompan yhol	forcompany h ol	nocs
占比/%	8. 7	17. 39	20. 43	6. 52	33. 48	13. 46

我们将公司股东的特点按照中资公司、外资公司和合资公司进行分类，中资公司样本占比 59%，外资公司样本占比 32%，中外合资公司样本占比 9%。

二、回归分析

（一）股东结构

建立模型 PTE = k0 + k1SIZE + k2LEV + k3CR1(CR5，CR21，CR251) + ε，为避免共线性问题，将 CR1，CR5，CR21，CR251 四个变量分别进行回归，首先进行过度识别检验，然后根据结果选择固定效应或随机效应进行回归，回归结果如表 5-8 所示。

表 5-8　股东结构回归结果

变量	(1) PTE（CR1） 固定效应	(2) PTE（CR5） 固定效应	(3) PTE（CR21） 固定效应	(4) PTE（CR251） 固定效应
SIZE	-0. 068	-0. 066	-0. 068	-0. 071
	(-1. 05)	(-1. 03)	(-1. 08)	(-1. 12)
LEV	0. 425***	0. 418***	0. 416***	0. 414***
	(3. 01)	(3. 02)	(2. 91)	(3. 00)
CR1	-0. 240**			
	(-2. 12)			
YEAR2	-0. 045*	-0. 043*	-0. 046*	-0. 045*
	(-1. 87)	(-1. 73)	(-1. 91)	(-1. 86)
YEAR3	-0. 091**	-0. 088**	-0. 091***	-0. 090***
	(-2. 68)	(-2. 63)	(-2. 75)	(-2. 72)
YEAR4	-0. 044	-0. 043	-0. 045	-0. 042
	(-0. 97)	(-0. 96)	(-1. 00)	(-0. 95)
YEAR5	-0. 040	-0. 039	-0. 042	-0. 037
	(-0. 85)	(-0. 86)	(-0. 93)	(-0. 82)
CR5		-0. 394**		
		(-2. 38)		
CR21			0. 190***	
			(3. 55)	
CR251				0. 075***
				(2. 86)
_ cons	1. 539*	1. 701**	1. 313	1. 353*

表5-8(续)

变量	(1) PTE（CR1） 固定效应	(2) PTE（CR5） 固定效应	(3) PTE（CR21） 固定效应	(4) PTE（CR251） 固定效应
	(1.87)	(2.05)	(1.67)	(1.72)
N	235	235	235	235
r2_ a	0.144	0.144	0.151	0.153
F	4.949	5.264	8.338	6.051
P	0.001	0.000	0.000	0.000
Sargan-hansen	23.078 0.000	17.899 0.000	34.144 0.000	30.017 0.000

注：* 表示在10%的水平上显著，** 表示在5%的水平上显著，*** 表示在1%的水平上显著；方程系数下面的圆括号中的值为t值；表格中分别列出了调整拟合优度r2_a、F检验、Sargan-hansen过度识别检验的结果。

根据表5-8，第一大股东持股比例与公司绩效在5%显著性水平上呈负相关，前五大股东持股比例与公司绩效在5%显著性水平上负相关。第二大股东对第一大股东的制衡度与公司绩效在1%的显著性水平上正相关，第二大股东至第五大股东对第一大股东的制衡度在1%的显著性水平上正相关。总体来说，股权越集中，公司绩效越差；制衡度越高，越有利于公司绩效提高。

（二）股东性质

首先，我们按照中资、外资和合资的分类进行回归分析，然后再将中资进一步细分，建立如下模型：

1）$PTE=k0+k1SIZE+k2LEV+k3CHFO+k4FOREIGN+\varepsilon$

2）$PTE=k0+k1SIZE+k2LEV+k3censtatehol+k4censtatecompanyhol+k5lostatecompanyhol+k6prcompanyhol+k7nocs+\varepsilon$

进行过度识别检验，Sargan-hansen值分别为23.144和21.237，两者对应的$p=0.000$，说明在随机效应和固定效应间选择，采用固定效应更优。但由于样本期间股东性质变量基本不随时间变化，直接采用组内估计量的固定效应可能忽略该变量，因此采用LSDV模型，引入时间和个体虚拟变量。经对时间虚拟变量联合显著性检验：$F=3.54$，$p=0.013$，说明存在时间效应。LSDV回归中，仍然选择聚类标准误，结果显示大多数个体虚拟变量都很显著（p值为0.001），也说明存在个体效应，不应使用混合回归。因此，采用LSDV模型回归结果作为系数估计值，结果如表5-9所示。

表 5-9　股东性质回归结果

	(1) PTE	(2) PTE
SIZE	-0.069	-0.035
	(-0.97)	(-0.61)
LEV	0.431**	0.417**
	2.62	2.65
Chinfor	-0.017	
	(-0.26)	
Foreign	-0.095*	
	(-1.75)	
year2	-0.046*	-0.048*
	(-1.68)	(-1.70)
year3	-0.090**	-0.095**
	(-2.27)	(-2.57)
year4	-0.045	-0.054
	(-0.84)	(-1.09)
year5	-0.043	-0.057
	(-0.78)	(-1.18)
censtatehol		0.174
		0.46
censtatecompanyhol		-0.134**
		(-2.35)
lostatecompanyhol		0.080**
		2.14
prcompanyhol		0.159
		0.97
nocs		0.059*
		1.75

表5-9(续)

	(1) PTE	(2) PTE
_ cons	1. 889	1. 143*
	1. 56	1. 84
N	235	230
r2_ a	0. 554	0. 56

注：* 表示在 10%的水平上显著，** 表示在 5%的水平上显著，*** 表示在 1%的水平上显著。由于个体数量达 40 多个，篇幅所限，表 5-9 省略了个体虚拟变量的系数及其显著性。

根据回归结果可以看出，我们将样本公司分为中资公司、中外合资公司和外商独资公司，外商独资公司在 10%的显著性水平上与公司绩效呈负相关。我们将各公司按大股东性质进一步细分，结果显示：中央国资管理部门为大股东和民营大股东与绩效无显著相关性；央企大股东对绩效有显著负影响；地方国企大股东以及股东股权较为分散，与公司绩效呈显著正相关。

三、结果解析

根据股东结构对绩效影响的实证检验，股东股权越集中，绩效越低；制衡度越高，绩效越高。这说明如果我国财产保险公司股东制衡差，就容易受大股东控制，成为实现大股东目标的工具。从中资、外资性质看，中资股东公司对绩效有正向影响，外资股东却有负向影响，虽然外资公司有丰富的财产保险经营管理经验、技术，但是尚不适应我国国情，融入我国财产保险市场时间不长，既缺乏人才又缺乏销售渠道。我们将大股东性质进一步细分后发现，央企大股东对绩效有负向影响，多数央企成立财产保险公司是基于企业集团内部保险的需要，财产保险并非其主业。其客户多为内部单位，在承保理赔时也容易受操纵，从而影响公司绩效。地方国企大股东对绩效有正向影响，由于地方国企出资组建的财产保险公司多在 2008 年后，经历了前期财产保险业无序混乱发展的过程，这些股东在成立之初就吸取了教训。平安、太保等股权分散的财产保险公司，没有对公司产生重大影响的大股东，公司实际控制权掌握在管理层手中，管理层的企业家精神发挥了重要作用。

根据实证结果，以下假设通过检验：H1-1：股东的股权越集中，公司绩效越低；股东间的制衡度越高，公司绩效越高；H1-2：外资股东对绩效有负向影响，中资股东对绩效有正向影响；H1-3：中央国资管理机构大股东对绩效无显著相关性。但是以下假设未全部通过检验：H1-4：央企和地方国企大股东对绩效有正向影响；其中地方国企大股东对绩效有正向影响，央企大股东对绩效有负向影响；以下假设未通过检验：H1-5：民营大股东对绩效有负向影响。

第四节　董监高构成对绩效影响的检验

一、变量设置与描述性分析

（一）变量设置

1. 董事构成变量

董事规模（dirscale）表示董事人数；执行董事占比（exdirpro）表示执行董事在董事会中的比例；股东董事占比（noexdirpro）表示股东董事在董事会中的比例；职工董事占比（emdirpro）表示职工身份的董事在董事会中的比例；独立董事占比（indirpro）表示独立董事在董事会中的比例。

2. 独立董事构成变量

独立董事规模（indirscale）表示独立董事人数；科研型独立董事占比（reindirpro）表示来源于高校或科研机构的独立董事在独立董事中的比例；保险业独立董事占比（inindorpro）表示来源于保险业内的独立董事在独立董事中的比例；其他独立董事占比（otindirpro）表示除科研型和保险业内独立董事之外的其他独立董事所占比例。

3. 监事构成变量

监事规模（supscale）表示监事人数；股东监事占比（shsuppro）表示由股东委派的监事人数的比例；职工监事占比（emsuppro）表示职工身份的监事人数的比例；外部监事占比（exsuppro）表示既不来自于股东也不来自于职工，与公司本来无利益关系的监事所占比例，类似独立董事。

4. 高管构成变量

高管规模（admscale）表示高管人数；女性高管占比（feadmpro）；总经理与董事长两职合一（gmch），两职合一取数 1，否则取数 0。

（二）描述性分析

1. 董事构成

表 5-10 为董事结构描述性统计。

表 5-10　董事结构描述性统计

variable	N	Mean	sd	min	max
dirscale	235	8. 25	3. 57	2	19
exdirpro	235	0. 3	0. 17	0. 06	1
noexdirpro	235	0. 54	0. 19	0	0. 88
emdirpro	235	0. 03	0. 07	0	0. 5
indirpro	235	0. 13	0. 13	0	0. 43
reindirpro	133	0. 42	0. 36	0	1
inindirpro	133	0. 14	0. 27	0	1
otindirpro	133	0. 44	0. 36	0	1

如表 5-10 所示，在 235 个样本中，董事人数最多的为 19 人，最少的仅 2 人，平均为 8 人。天安财险、华安财险、永诚财险、安诚财险的董事人数较多。外资公司的董事人数较少，平均仅为 5 人。中资公司董事人数平均为 10 人。执行董事平均占比 30%，多数公司的执行董事为董事长和总经理。股东董事平均占比 54%，最高达 88%，部分外资公司仅设一名执行董事，总体来看，非执行董事占比较大。职工董事占比最高的为 50%，最低为 0，平均为 2. 57%。在 235 个样本中，仅有 133 个样本设置独立董事。在中资公司中，保险集团控股的财险公司因集团公司配置独立董事，因而没有设置独立董事；在外资公司中，除日本财险和日本兴亚两家公司设置独立董事外，都没有设置独立董事。在已设置独立董事的 133 个样本中，科研型独立董事占比平均为 42%，保险业专家独立董事占比均值为 14%，其他行业独立董事平均占比 44%。

2. 监事构成

如表 5-11 所示，监事规模最大的为 14 人，中意财险 2011—2015 年没有设置监事，平均为 3. 7 人。股东监事平均占比 73%，职工监事占比平均为 27%，外部监事占比平均为 1%，人保财险 2011—2015 年设置 1 名外部监事，占比 20%；长安责任险于 2012—2015 年设置 2 名外部监事，占比 22%。根据《公司法》规定，职工监事应不少于三分之一，我国财产保险公司监事设置低于规定水平，有 44%的样本公司未设置监事或职工监事占比低于三分之一。

表 5-11 监事结构描述性统计

variable	N	Mean	sd	min	max
supscale	235	3. 71	2. 81	0	14
shsuppro	229	0. 73	0. 23	0	1
emsuppro	229	0. 27	0. 23	0	1
exsuppro	229	0. 01	0. 04	0	0. 22

3. 高管构成

如表 5-12 所示，在 235 个样本公司中，高管规模最大为 15 人，除人保财险、太保、平安高管人数较多外，华安财险、东京海上日动财险公司的高管人数较少。美亚、利宝财险、苏黎世保险仅有总经理一名高管。女性高管平均占比为 13%，有 121 个样本高管中没有女性，苏黎世保险 2011—2014 年仅设一名女性总经理担任高管。总经理和董事长两职合一的样本平均占比 23%。

表 5-12 高管结构描述性统计

variable	N	Mean	sd	min	max
admscale	235	5. 63	3. 06	1	15
feadmpro	235	0. 13	0. 2	0	1
gmchair	235	0. 23	0. 42	0	1

二、回归分析

我们分别针对董事构成、独立董事构成、监事构成、高管构成建立回归方程进行回归分析。

（一）线性回归分析

首先，我们建立线性回归模型，分析治理变量与公司绩效之间是否存在线性关系，建立以下模型：

①$PTE = k0+k1SIZE+k2LEV+k3dirscale+k4exdirpro+k5emdirpro+k6indirpro +\varepsilon$

②$PTE = k0+k1SIZE+k2LEV+k3indirscale+k4inindirpro+k5otindirpro+\varepsilon$

③$PTE = k0+k1SIZE+k2LEV+k3supscale+k4emsuppro+\varepsilon$4） $pte = k0+k1SIZE+k2LEV+k3admscale+k4feadmpro+k5gmchair+\varepsilon$

为避免共线性，我们将股东董事占比、科研型独立董事占比、股东监事占比三项变量作为基数，未放进方程；设立外部监事的公司极少，也未放进方程。针对各方程，首先进行过度识别检验，然后根据检验结果选择固定效应或随机效应模型进行回归分析，结果如表5-13所示。

回归结果（见表5-13）显示：职工董事占比与绩效在5%的显著性水平下呈负线性关系，董事规模、执行董事占比、独立董事占比与绩效无显著线性相关性。仅以已设置独立董事的133个样本公司进行回归分析，发现独立董事规模、保险业独立董事占比和其他独立董事占比均与绩效无显著相关性。监事规模与绩效在1%显著性水平下负相关。高管规模和女性高管占比与绩效无显著相关性，但总经理和董事长两职合一对绩效在1%的显著性水平上有负向影响。

表5-13　董事、监事、高管构成线性回归结果

	(1) 固定效应 PTE (director)	(2) 固定效应 PTE (indirector)	(3) 固定效应 PTE (supervi-)	(4) 固定效应 PTE (admini-)
SIZE	-0.069	0.072	-0.043	-0.063
	(-1.21)	(1.59)	(-0.69)	(-1.01)
LEV	0.451***	0.620**	0.373**	0.428***
	(3.30)	(2.65)	(2.49)	(3.12)
dirscale	-0.014			
	(-1.42)			
exdirpro	-0.093			
	(-0.54)			
emdirpro	-0.507**			
	(-2.20)			
indirpro	-0.097			
	(-0.67)			
year2	-0.038	-0.047	-0.047**	-0.049**
	(-1.56)	(-1.21)	(-2.05)	(-2.10)
year3	-0.081**	-0.122***	-0.086***	-0.097***
	(-2.41)	(-3.60)	(-2.76)	(-2.87)
year4	-0.032	-0.096**	-0.048	-0.055
	(-0.71)	(-2.19)	(-1.13)	(-1.19)

表5-13(续)

	(1) 固定效应 PTE (director)	(2) 固定效应 PTE (indirector)	(3) 固定效应 PTE (supervi-)	(4) 固定效应 PTE (admini-)
year5	-0.031	-0.106*	-0.051	-0.049
	(-0.67)	(-2.04)	(-1.16)	(-1.09)
indirscale		-0.017		
		(-1.06)		
inindirpro		-0.172		
		(-0.86)		
otindirpro		0.088		
		(1.29)		
supscale			-0.037**	
			(-2.68)	
emsuppro			-0.103	
			(-0.73)	
admscale				0.007
				(0.59)
feadmpro				0.086
				(0.79)
gmchair				-0.059***
				(-3.51)
_ cons	1.535**	-0.523	1.261	1.277
	(2.05)	(-0.93)	(1.64)	(1.60)
N	235	133	229	235
r2_ a	0.152	0.215	0.160	0.144
F	3.277	5.241	6.569	4.386
P	0.004	0.001	0.000	0.001
Sargan-hansen	10.827	70.876	13.410	10.592
	0.094	0.000	0.094	0.060

注:* 表示在10%的水平上显著,** 表示在5%的水平上显著,*** 表示在1%的水平上显著。

(二) 非线性回归

我们对未在线性回归中发现显著相关性的治理的变量进行非线性回归，寻求非线性关系。经过反复模拟，我们发现存在以下模型：

①ln（PTE）= $k0+k1SIZE+k2LEV+k3$（1/exdirpro）+ ε

②ln（PTE）= $k0+k1SIZE+k2LEV+k3$（1/indirscale）+ε

③PTE = $k0+k1SIZE+k2LEV+k3ininдirpro$ + $k4inindirpro^2+k5inindirpro^3+\varepsilon$

④ln（PTE）= $k0+k1SIZE+k2LEV+k3emsuppro+\varepsilon$

⑤PTE = $k0+k1SIZE+k2LEV+k3$ln（shsuppro）+ε

回归结果如表 5-14 所示：

表 5-14　董事、监事、高管构成非线性回归结果

	（1） 随机效应 lnPTE	（2） 固定效应 lnPTE	（3） 固定效应 PTE	（4） 固定效应 lnPTE	（5） 固定效应 PTE
SIZE	-0.007	0.053	0.058	-0.066	-0.068
	(-0.29)	(0.83)	(1.65)	(-0.90)	(-1.30)
LEV	0.394**	1.042***	0.701***	0.560**	0.461***
	(2.39)	(2.94)	(3.50)	(2.68)	(3.16)
dsexdirpro	-0.013*				
	(-1.65)				
year2	-0.071**	-0.051	-0.044	-0.054	-0.039*
	(-2.03)	(-0.88)	(-1.06)	(-1.58)	(-1.69)
year3	-0.152***	-0.168***	-0.126***	-0.130***	-0.080**
	(-3.97)	(-3.25)	(-3.21)	(-2.99)	(-2.68)
year4	-0.103**	-0.118	-0.107**	-0.075	-0.042
	(-2.28)	(-1.66)	(-2.46)	(-1.27)	(-1.02)
year5	-0.108**	-0.121	-0.117**	-0.068	-0.040
	(-2.42)	(-1.52)	(-2.53)	(-1.10)	(-0.97)
dsindirscale		0.146*			
		(1.77)			
inindirpro			0.697*		
			(1.89)		
inindirpro2			-3.720***		
			(-2.91)		
inindirpro3			2.856***		

表5-14(续)

	(1) 随机效应 lnPTE	(2) 固定效应 lnPTE	(3) 固定效应 PTE	(4) 固定效应 lnPTE	(5) 固定效应 PTE
			(2.94)		
emsuppro				-0.446**	
				(-2.44)	
lnshsuppro					0.276**
					(2.58)
_ cons	-0.360	-1.716**	-0.383	0.329	1.441**
	(-1.31)	(-2.10)	(-0.94)	(0.35)	(2.16)
N	235	133	133	229	224
r2_ a		0.209	0.260	0.137	0.158
F		6.860	9.625	3.704	4.142
chi2	23.079				
P	0.002	0.000	0.000	0.004	0.002
Sargan-hansen	4.523 0.210	94.767 0.000	132.043 0.000	81.498 0.000	39.599 0.000

注:* 表示在 10%的水平上显著,** 表示在 5%的水平上显著,*** 表示在 1%的水平上显著。在随机效应情况下，括号的值为 z 值，在固定效应下，括号的值为 t 值。

根据回归结果，执行董事占比与绩效在 10%的显著性水平上有 S 型曲线关系，系数-0.013<0，因此，执行董事占比对绩效有 S 型曲线正向影响。独立董事规模与绩效在 10%显著性水平上有 S 型曲线关系，系数 0.146>0，因此，执行董事占比对绩效有 S 型曲线正向影响。来自保险业的独立董事与绩效在 10%显著性水平上有三次曲线关系，进一步用插值法测算，保险业独立董事占比在 0.1 为第一拐点，第二拐点在 0.8，当来自保险业的独立董事占比低于 0.1 时，绩效随比例升高而提高，当介于 0.1~0.8 时，绩效随比例升高而降低，当大于 0.8 时，绩效随比例升高而提高。职工监事占比与绩效在 5%的显著性水平上有增长曲线关系，因系数-0.446<0，职工监事占比对绩效呈负向影响。股东监事占比与绩效在 5%的显著性水平下有对数曲线关系，因 0.276>0，股东监事占比对绩效有正向影响。

采用第一节模型进行反复回归模拟，均未发现董事规模、非执行董事占比、独立董事占比、科研型独立董事占比、其他行业独立董事占比以及高管规模与绩效间存在显著的曲线关系。

三、结果解析

根据线性回归和非线性回归结果，董事人数与公司绩效没有显著影响，但从系数方向看，有负向性。虽然董事人数增加会影响行动的一致性，但董事人数增加也可能会给公司带来更多的资源，使其对绩效的影响更为复杂。执行董事占比对绩效的影响呈S型曲线的负向作用，监督职能是董事的重要职能，执行董事占比增大意味着董事会和管理层的一致性增加，对管理层的监督作用弱化，从而影响公司绩效。职工董事占比对绩效有负面影响，因为职工董事来自总公司部门负责人，并非真正来自基层，不能发挥提供基层信息的优势，且职工的职务薪酬等切身利益受制于其他董事或高管，职工董事容易不作为，甚至迎合董事会中的董事长、总经理等，难以真正发挥作用，从而影响绩效。独立董事的人数和占比都对公司绩效无显著性影响，说明独立董事的作用发挥并不显著。一方面，独立董事的人员往往由大股东或董事长、总经理推荐；另一方面，独立董事在对自身责任的认识上也不到位。这使独立董事形同摆设，不仅自身不能发挥作用，还因挤占其他董事位置而影响董事会作用的发挥。来自保险业的独立董事占比对绩效的影响是三次曲线关系，拐点在0.1和0.8，当介于0.1~0.8时，绩效随比例升高而降低。这说明适当引入具有资深保险业经验的独立董事能起到提高绩效的作用，但仅限于占比很低的水平，否则会产生负向影响。对于来自国内的保险行业的独立董事，因为我国财产保险业发展的总体水平较低，这样的行业状态产生的专家水平不高，而且其还会受到既有惯性思维的负面影响。来自国外的资深保险专家又存在不了解我国国情的缺陷，影响公司绩效。监事人数对绩效有负向影响，监事是以参加监事会来履行监督的职责，除个别监事长是专职外，多数监事是兼职，很难聚集起来一起行动。人数更少时，责任更为明确，有利于发挥监督作用；股东监事占比对绩效有正向影响，职工监事占比对绩效有负向影响。因为股东监事作为股东的代表，有利益行使监督职责，而且其也有实在的权力发挥监督作用；职工监事由于受高管的影响，无法真正发挥监督作用。高管规模和女性高管占比对绩效有不显著的正向影响，说明高管人数增多和适当的女性高管能发挥一定作用，但作用并不显著。总经理与董事长两职合一对绩效有显著负向影响。两职合一，减弱了董事会对管理层的监督。

根据前述分析，以下假设通过检验：H2-2：执行董事占比对绩效有负向影响；H2-7：股东监事占比对绩效有正向影响，职工监事占比对绩效有负向影响；H2-10：总经理和董事长两职合一对绩效有负向影响。但以下假设未通过检验：H2-1：董事人数越多，公司绩效越低；H2-3：职工董事占比对绩效有正向影响；H2-4：独立董事规模和占比对绩效有正向影响；H2-5：有保险业经验的独立董事对绩效有正向影响；H2-6：监事规模对公司绩效有正向影响；H2-8：高管规模对绩效有正向影响；H2-9：女性高管占比对绩效有正向影响。

第五节　董监高特征对绩效影响的检验

一、变量设置及描述性分析

（一）变量设置

1. 董事长特征变量

我们设置董事长年龄（chairage）、董事长任职年限（chairtenure）、董事长行业经验（chairexper）、董事长受教育程度（chairedu）等董事长特征变量。

2. 监事长特征变量

我们设置监事长年龄（supage）、监事长任职年限（suptenure）、监事长行业经验（supexper）、监事长受教育程度（supedu）等监事长特征变量。

3. 总经理特征变量

总经理年龄（gmage）、总经理任职年限（gmtenure）、总经理行业经验（gmexper）、总经理受教育程度（gmedu）等总经理特征变量。

受教育程度用学历学位表示，大专及以下取值 1，大学本科取值 2，硕士研究生取值 3，博士研究生取值 4。

（二）描述性分析

如表 5-15 所示，根据所取得的样本的数据，董事长年龄最大的是 73 岁，最小的是 40 岁，平均 53 岁。董事长的任职期限最长的 11 年，最短的 1 年，平均接近 4 年。董事长的保险从业经验最长的 34 年，最短 1 年，平均 16 年。董事长受教育程度最高的是博士，均值 2. 81，大专及以下学历仅占 2%，博士占比 21%，本科学历占比 36%，硕士占比 41%；监事长年龄最大的 71 岁，最小 33 岁，平均 52 岁。监事长任职期限最长的 8 年，最短 1 年，平均 3 年。监事长保险从业经验最长的 41 年，最短 1 年，平均 12 年。监事长受教育程度最高为博士，最低为大专，大专及以下占比 6%，大学本科占比 33%，硕士研究生占比 51%，博士研究生占比 9%；总经理年龄最大 61 岁，最小 42 岁，平均

52岁。总经理任职期限最长的11年，最短1年，平均3年。总经理保险从业经验最长42年，最短1年，平均20年。总经理受教育程度最高的为博士研究生，占比12%，最低大专仅占1%，大学本科和硕士研究生占比相当，分别为43%和44%。

表5-15 董事长、监事长、总经理特征描述性统计

variable	*N*	Mean	sd	Min	max
chairage	222	53. 33	5. 16	40	73
chairtenure	223	3. 65	2. 4	1	11
chairexper	222	15. 88	11. 26	1	34
chairedu	222	2. 81	0. 79	1	4
supage	186	51. 49	7. 67	33	71
suptenure	197	3. 03	1. 72	1	8
supexper	188	12. 28	11. 52	1	41
supedu	193	2. 64	0. 74	1	4
gmage	221	51. 61	4. 9	42	61
gmtenure	223	3. 09	2. 09	1	11
gmexper	222	20. 01	9. 74	1	42
gmedu	221	2. 67	0. 7	1	4

二、回归分析

（一）线性回归

首先，建立线性回归方程，分析治理变量和绩效间的线性关系，模型如下：

①$PTE = k0 + k1SIZE + k2LEV + k3chairage + k4chairtenure + k5chairexper + k6chairedu + \varepsilon$，

②$PTE = k0+k1SIZE+k2LEV+k3supage+k4suptenure+k5supexper+k6supedu+\varepsilon$

③$PTE = k0+k1SIZE+k2LEV+k3gmage+k4gmtenure+k5gmexper+k6gmedu+\varepsilon$

随后进行过度识别检验，然后根据检验结果选择固定效应或随机效应模型进行回归分析，结果如表5-16所示。

输出结果显示，董事长任职期限对绩效在5%的显著性水平下呈正向影响，董事长年龄、保险从业经验和受教育程度与绩效无显著线性相关性。监事长年龄、任职期限、保险业从业经验和受教育程度均与绩效无显著线性相关性。总经理年龄在10%的显著性水平下与绩效呈正向关系，总经理任职期限与绩效在5%的显著性水平下呈正向关系。

表 5-16 董事长、监事长、总经理特征线性回归结果

变量	(1) 固定效应 PTE (chairman)	(2) 固定效应 PTE (supervisor)	(3) 固定效应 PTE (g-manerger)
SIZE	-0.045	0.000	-0.025
	(-0.70)	(0.01)	(-0.47)
LEV	0.372**	0.406**	0.317**
	(2.45)	(2.25)	(2.10)
chairage	-0.000		
	(-0.04)		
chairtenure	0.012**		
	(2.49)		
chairexper	-0.001		
	(-0.83)		
chairedu	-0.042		
	(-1.53)		
year2	-0.043	-0.055	-0.042
	(-1.56)	(-1.67)	(-1.54)
year3	-0.094**	-0.102**	-0.102***
	(-2.50)	(-2.40)	(-3.23)
year4	-0.053	-0.074	-0.073*
	(-1.07)	(-1.31)	(-1.74)
year5	-0.052	-0.081	-0.075*
	(-1.09)	(-1.28)	(-1.96)
supage		-0.001	
		(-0.13)	

表5-16(续)

变量	(1) 固定效应 PTE (chairman)	(2) 固定效应 PTE (supervisor)	(3) 固定效应 PTE (g-manerger)
suptenure		0. 008	
		(0. 61)	
supexper		0. 001	
		(0. 86)	
supedu		-0. 012	
		(-0. 33)	
gmage			0. 003*
			(1. 75)
gmtenure			0. 014**
			(2. 24)
gmexper			-0. 002
			(-0. 90)
gmedu			-0. 021
			(-1. 09)
_ cons	1. 222	0. 544	0. 787
	(1. 34)	(0. 51)	(1. 19)
N	222	186	221
r2_ a	0. 149	0. 073	0. 129
F	3. 779	2. 607	4. 803
P	0. 001	0. 017	0. 000
Sargan-hansen	45. 544 0. 000	102. 722 0. 000	95. 451 0. 000

注：* 表示在 10%的水平上显著，** 表示在 5%的水平上显著，*** 表示在 1%的水平上显著。

（二）非线性回归分析

我们对未在线性回归中发现显著相关性的治理的变量进行非线性回归分析，寻求与绩效间的非线性关系。经过反复模拟，我们发现存在以下方程：

①ln（PTE）= $k0+k1SIZE+k2LEV+k3chairage+\varepsilon$

②PTE = $k0+k1SIZE+k2LEV+k3\ln(chairedu)+\varepsilon$

③$PTE=k0+k1SIZE+k2LEV+k3suptenure+k4suptenure^2+\varepsilon$

④$\ln(PTE)=k0+k1SIZE+k2LEV+k3supexper+\varepsilon$

⑤$PTE=k0+k1SIZE+k2LEV+k3\ln(supedu)+\varepsilon$

⑥$\ln(PTE)=k0+k1SIZE+k2LEV+k3(1/gmedu)+\varepsilon$

采用过度识别检验后确定各方程都应采用固定效应模型进行回归，输出结果如表 5-17。

根据输出结果我们可得到以下结论。董事长年龄与绩效呈增长曲线关系，董事长受教育程度与绩效呈对数曲线关系，因系数-0. 15<0，因此董事长受教育程度对绩效呈负影响。监事长任职期限与绩效在 5%的显著性水平下呈二次曲线关系，倒 U 形曲线，拐点在 4 年，当监事长任职期限在 4 年以下，随时间增加，对绩效有正向影响，当监事长任职期限大于 4 年后，任职时间越长，其对绩效越有负向影响。监事长保险从业经验与绩效在 10%的显著性水平下呈增长曲线关系，监事长保险从业时间越长，越有利于提高绩效。监事长学历与绩效在 10%的显著性水平下呈对数曲线关系，受教育程度的提高对绩效有负向影响。总经理受教育程度与绩效在 10%的显著性水平下呈 S 型曲线关系，因系数 0. 188>0，所以总经理受教育程度越高，对绩效越有负向影响。

表 5-17　董事长、监事长、总经理特征非线性回归结果

固定效应	(1) lnPTE (chairage)	(2) PTE (chairedu)	(3) PTE (suptenure)	(4) lnPTE (supexper)	(5) PTE (supedu)	(6) lnPTE (gmedu)
SIZE	-0. 037	-0. 034	0. 020	0. 020	-0. 014	-0. 047
	(-0. 44)	(-0. 54)	(0. 27)	(0. 17)	(-0. 17)	(-0. 64)
LEV	0. 576**	0. 356**	0. 349**	0. 495**	0. 369**	0. 473**
	(2. 63)	(2. 26)	(2. 09)	(2. 11)	(2. 22)	(2. 32)
chairage	0. 008*					
	(1. 86)					
year2	-0. 063	-0. 043	-0. 063*	-0. 061	-0. 042	-0. 040
	(-1. 63)	(-1. 64)	(-1. 79)	(-1. 19)	(-1. 29)	(-1. 03)
year3	-0. 149***	-0. 084**	-0. 103**	-0. 133**	-0. 078*	-0. 124**
	(-2. 80)	(-2. 36)	(-2. 50)	(-2. 03)	(-1. 92)	(-2. 53)
year4	-0. 096	-0. 042	-0. 056	-0. 082	-0. 041	-0. 075

表5-17(续)

固定效应	(1) lnPTE (chairage)	(2) PTE (chairedu)	(3) PTE (suptenure)	(4) lnPTE (supexper)	(5) PTE (supedu)	(6) lnPTE (gmedu)
	(-1.36)	(-0.89)	(-1.11)	(-0.95)	(-0.77)	(-1.16)
year5	-0.093	-0.047	-0.050	-0.082	-0.034	-0.073
	(-1.32)	(-1.02)	(-0.93)	(-0.90)	(-0.62)	(-1.15)
lnchairedu		-0.150**				
		(-2.34)				
suptenure			0.059**			
			(2.20)			
suptenure2			-0.008**			
			(-2.12)			
supexper				0.003*		
				(1.73)		
lnsupedu					-0.069*	
					(-1.80)	
dsgmedu						0.188*
						(1.91)
_ cons	-0.555	1.128	0.222	-0.896	0.770	-0.060
	(-0.48)	(1.50)	(0.24)	(-0.60)	(0.76)	(-0.06)
N	222	222	197	188	193	221
r2_ a	0.126	0.135	0.116	0.064	0.074	0.095
F	4.615	3.772	2.986	2.025	2.444	3.114
P	0.000	0.004	0.012	0.084	0.040	0.012
Sargan-hansen	29.879	47.472	24.914	94.672	68.361	151.874
	0.000	0.000	0.001	0.000	0.000	0.000

注：* 表示在10%的水平上显著，** 表示在5%的水平上显著，*** 表示在1%的水平上显著。

经反复模拟，我们未发现董事长保险从业经验、监事长年龄和总经理保险行业经验对绩效有显著性的影响。

三、结果解析

1. 年龄对绩效的影响

董事长年龄和总经理年龄对绩效有正向影响，随着年龄增加，董事长和总经理的经验、能力、社会阅历、社会资源更为丰富，有利于提高绩效。但监事长年龄对绩效无显著性影响，可能是因为监事长主要职责是监督，既不参与战略管理又不参与具体经营，而且我国财产保险公司监事长的年龄平均在 53 岁，已具备所需的综合能力、阅历。

2. 任职期限对绩效的影响

董事长任职期限和总经理任职期限对绩效有正向影响，董事长和总经理任期越长，越了解公司情况，越能树立权威，有利于公司战略的制定和执行，以及具体的经营管理。监事长任期与绩效呈倒 U 形曲线关系，拐点在 4 年，监事到任时间不长时，与董事和高管距离感更强，超过 4 年后，监事长与董事、高管合谋的风险增大，减弱监督作用的发挥。

3. 保险从业经验对绩效的影响

董事长并不从事具体经营管理，主要在于监督和战略管理，因此，董事长对行业经验的要求不高，保险从业经验并未对绩效产生显著影响。监事长如果具有更多保险从业经验，更能有针对性地监督，发现董事和高管在履职中的问题，提高监督职能的发挥，提高公司绩效。总经理的保险从业经验对绩效没有显著性影响，这与多数财产保险公司总经理都是资深保险人士的现实完全不合，可能是因为当前的财产保险市场变化快，固有的经验不一定能适应新环境的需要，而且 10 年前整个行业以做大作为首要目标，经营管理简单粗放，这样的经验也会带来副作用，在这样的情况下，从业经验对总经理有利有弊，因而影响不显著。

4. 受教育程度对绩效的影响

董事长、监事长、总经理的受教育程度对绩效都有负向影响，可能是由于当前的学历除极少数是大专外，绝大多数都已是大学本科及以上，已能满足基本需要，且当前我国财产保险业总体发展水平还不高，越处于初级阶段越需要实战能力，受教育程度越高反而容易受理论知识的限制，影响绩效的提高。

根据前述分析，以下假设通过检验：H3-3：董事长、监事长的保险行业经验对绩效没有显著影响。以下假设未全部通过检验：H3-1：董事长、监事长和高管年龄对绩效有正面影响。其中，关于董事长和总经理年龄对绩效有正向影响已得到验证，但监事长对绩效的正向影响未得到验证。以下假设未通过检验：H3-4：总经理的保险行业经验对绩效有正向影响。H3-2：董事长、监事长和总经理任职期限对绩效有负向影响；H3-5：董事长和监事长的受教育程度对绩效有正向影响；H3-6：总经理受教育程度与绩效无显著关系。

第六节　典型案例剖析——中华联合的公司治理

中华联合财产保险公司于1986成立，是中华人民共和国成立后的第二家独立法人保险公司。其创立之初，由财政部、农业部专项拨款，新疆生产建设兵团共同出资组建，名称为新疆生产建设兵团农牧业生产保险公司。1992年，中国人民银行批准新疆生产建设兵团农牧业生产保险公司扩大经营险种范围，除法定保险和外币保险外，经营兵团范围内所有的人身保险和财产保险业务。1993年，经中国人民银行批准，公司更名为新疆兵团保险公司。2000年，中国保监会批准公司更名为新疆兵团财产保险公司，业务经营区域扩大到新疆维吾尔自治区。2001年11月28日，中国保监会批准公司在上海、北京、广东、江苏、浙江、陕西、四川、重庆、大连、宁波等十个省市设立分公司，业务经营区域扩大到全国，从此开始，公司逐年在全国各地设立分支机构。2002年，经国务院同意，中国保监会批准，公司正式更名为中华联合财产保险公司（简称中华联合）。2006年，经中国保监会批准，成立中华联合保险控股股份有限公司（简称中华联合控股），同年成立中华联合财产保险股份有限公司，完成股份制改革，这也标志着我国国有保险公司股份制改革完成。虽然完成股份制改革，但其实际的控股股东仍是新疆兵团国资委。由于2016年以前，中华联合控股均无其他子公司，中华联合控股实质为一个空壳平台，绝对控股中华联合财产保险有限公司。中华联合财产保险有限公司实际承袭了原中华联合财产保险公司，因此，该公司仍然简称为中华联合。

2007年、2008年，中华联合爆出巨额亏损，偿付能力严重不足。2009年3月，保监会派出内控工作组进驻中华联合总部，执掌中华联合10年的董事长兼总经理被免职，由新疆兵团国资委副主任担任董事长，原副总经理担任总经理。2010年4月，保险保障基金受托管理中华联合控股75.13%的股份，调整董事会及管理层，由原内控工作组组长担任中华联合控股和中华联合的董事长兼总经理。2012年3月，保险保障基金向中华联合控股注资60亿元，2012年9月，中华联合控股引入战略投资者东方资产注资78.1亿元，东方资产以51.01%股份成为第一大股东，中华联合控股董事长由东方资产委派，中华联合董事长和总经理暂未变化，但财务总监为东方资产委派人员，实际控制权已为东方资产；2013 年开始，中华联合董事会、监事会、管理层进行全面调整。2015 年 11 月，保险保障基金将所持有的中华联合 60 亿股股份在北金所挂牌出售；2016 年 2 月，保监会批复同意辽宁成大、中国中车、富邦人寿受让这部分股份。

一、中华联合的绩效情况

2002 年以前，中华联合还在新疆境内经营。2002 年，我国加入世界贸易组织，中华联合开始了从新疆到全国的扩张之旅。其过程跌宕起伏，成为我国财产保险业的一个经典案例。中华联合历年资产与绩效情况如表 5-18 所示。

表 5-18　中华联合历年资产与绩效情况　　单位：百万元

年份	总资产	实收资本	净资产	保险业务收入	利润总额	偿付能力溢额
1999	745	154	401	342	12	255
2000	945	154	438	383	52	184
2001	1 118	154	466	471	31	125
2002	1 000	200	497	628	40	403
2003	2 563	200	543	1 911	46	-508
2004	4 444	200	501	6 490	8	-597
2005	6 795	200	489	10 486	19	-1 784
2006	10 270	1 500	807	15 062	-624	-1 941
2007	15 114	1 500	-8 976	18 293	-9 097	-14 141
2008	12 687	1 500	-11 959	19 125	-2 381	-15 518
2009	12 289	1 500	-12 891	19 447	-932	-16 849
2010		1 500		19 336	874	
2011	17 499	1 500	-8 328	20 955	2 305	-12 842
2012	32 775	14 500	6 990	24 556	2 789	2 260
2013	37 920	14 640	7 951	29 745	1 369	2 694
2014	42 852	14 640	10 817	34 887	2 296	3 398
2015	53 034	14 640	13 154	39 458	2 910	3 540

注：2010 年中华联合重组，董监高调整，没有按要求披露报表数据，所以未取得该年的部分数据。

（一）绩效趋势分析

如图 5-3 所示，2002 年年底，杭州、成都等分公司陆续开业。自 2003 年开始，保险业务收入出现高速增长，2008—2010 年，保险业的发展速度放缓，基本没有增长，此后，保费收入又开始高速增长。利润总额和偿付能力溢额与保险业务收入形成鲜明对比。其利润总额一直处于较低水平，2006 年开始出现亏损，2007 年出现巨亏，此后逐年上升，直到 2010 年开始盈利。偿付能力溢额从 2003 年就开始为负数，呈现出偿付能力不足的状况，到 2007 年突然出现巨额不足，一直到 2011 年开始触底回升，2012 年新股东注资后，结合每年的盈利，偿付能力溢额才处于正常情况，偿付能力较为充足。

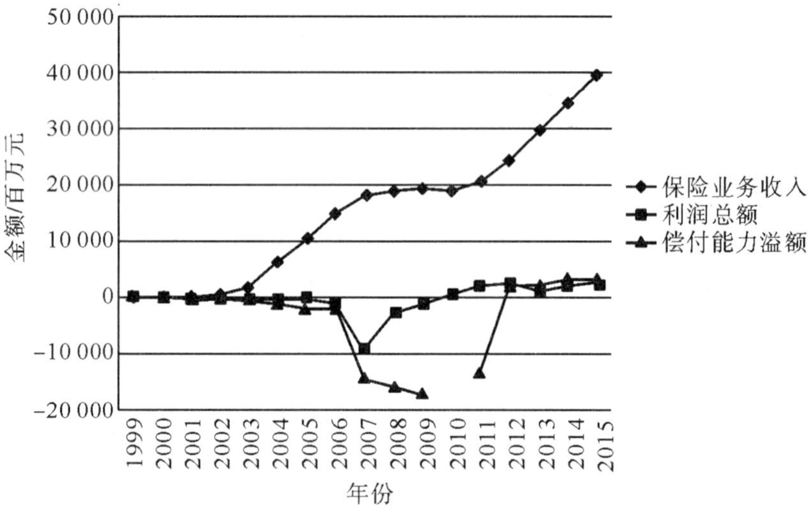

图 5-3　中华联合绩效趋势图

（二）资产与所有者权益趋势分析

如图 5-4 所示，总资产也是在 2003 年各分公司开业后大幅上升，2008 年开始下降，2011 年开始再次快速上升。实收资本在 2011 年以前一直增长缓慢，经过了 2002 年、2006 年增资。2012 年保险保障基金和东方资产注资控股公司后，控股公司也增加了财险公司的投资，实收资本显著增加。从 2007 年开始，中华联合因严重亏损，出现资不抵债的局面，净资产为负数，直到 2012 年增加实收资本后，才扭转了资不抵债的局面，随着逐年盈利，净资产逐步增加。

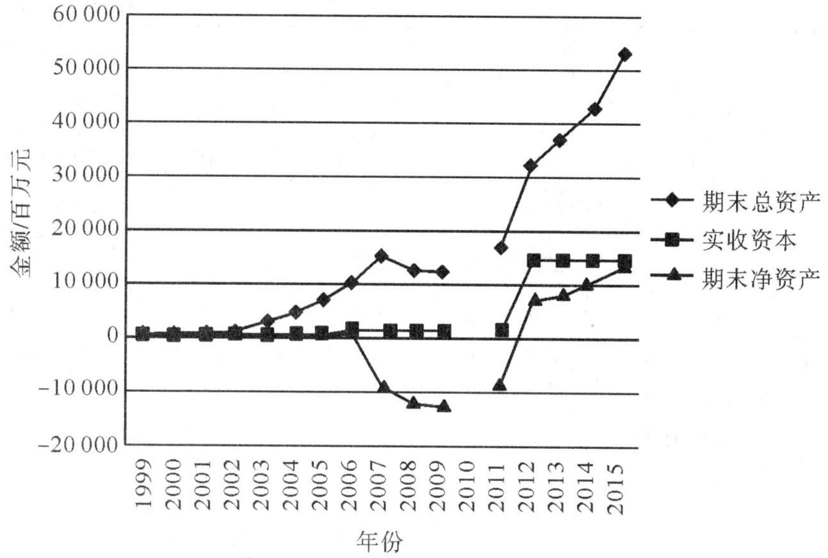

图 5-4　中华联合资产、所有者权益趋势图

（三）保险准备金情况

保险准备金分为未到期责任准备金和未决赔款准备金，两者是影响利润的重要因素，其变化能体现业务质量的变化。同时，经营者常常利用准备金在各年之间调节利润，尤其是未决赔款准备金，以达到不同的目的。中华联合各年准备金情况，如表 5-19 和图 5-5 所示。

表 5-19　中华联合保险准备金情况　　　　单位：百万元

年份	提取未到期责任准备金	期末未到期责任准备金	期末未到期责任准备金占自留保费的比例	赔款支出	赔款支出占已赚保费的比例	提取未决赔款责任准备金	期末未决赔款准备金	期末未决赔款准备金占已赚保费的比例	赔款支出和提取未决赔款责任准备金占已赚保费的比例
1999	46	207	0.61	181	0.61	1	9	0.03	0.61
2000	56	262	0.68	162	0.50	2	11	0.03	0.50
2001	57	319	0.76	229	0.63	-1	10	0.03	0.63
2002	86	404	0.74	251	0.54	4	15	0.03	0.55
2003	568	703	0.43	466	0.43	44	59	0.05	0.47
2004	2 067	2 780	0.48	1 767	0.47	119	184	0.05	0.51

表5-19(续)

年份	提取未到期责任准备金	期末未到期责任准备金	期末未到期责任准备金占自留保费的比例	赔款支出	赔款支出占已赚保费的比例	提取未决赔款责任准备金	期末未决赔款准备金	期末未决赔款准备金占已赚保费的比例	赔款支出和提取未决赔款责任准备金占已赚保费的比例
2005	1 666	4 718	0.53	3 866	0.53	292	476	0.07	0.57
2006	2 775	7 555	0.57	6 231	0.60	253	729	0.07	0.62
2007	196	8 990	0.60	10 845	0.73	7 951	10 181	0.69	1.27
2008	244	9 017	0.52	11 100	0.65	722	11 319	0.67	0.70
2009	-269	8 027	0.42	12 533	0.64	1 376	12 363	0.63	0.71
2010				12 015					
2011	-797	8 961	0.47	11 559	0.59	-221	12 361	0.63	0.58
2012	713	9 566	0.43	13 711	0.64	-1 731	11 264	0.53	0.56
2013	1 635	11 496	0.43	15 772	0.63	492	11 540	0.46	0.65
2014	2 880	14 060	0.45	17 162	0.60	399	11 939	0.42	0.62
2015	964	14 984	0.41	20 529	0.58	1 731	13 822	0.39	0.63

注：2010 年中华联合未披露，也未报送相关数据。

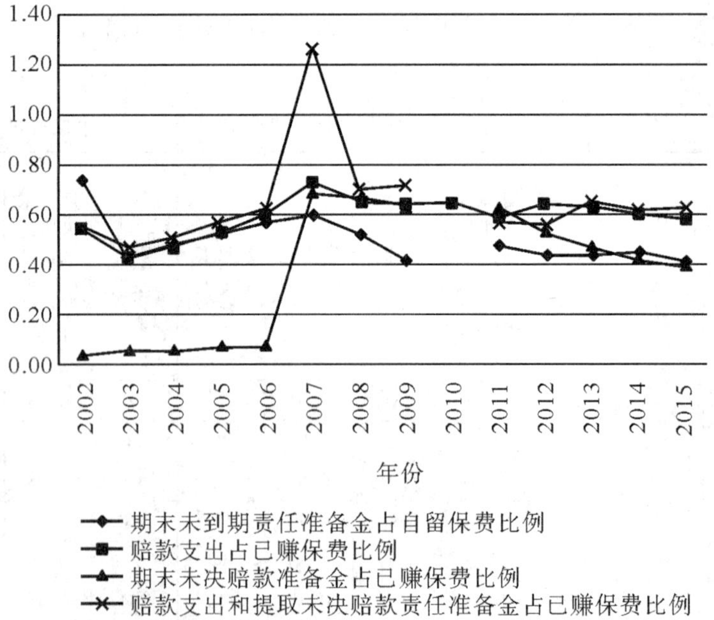

图 5-5　中华联合保险准备金占比趋势图

2003—2007 年，未到期责任准备金占自留保费的比例逐年上升，体现了每年下半年业务增长较多。2007 年以后，其占比降低，留在当年的已赚保费增加，有利于当年利润。

2006 年之前，当年赔款支出占已赚保费的比例处于较低水平，这说明其结案缓慢，拖延了支付赔款的时间，其很有可能为了利润压缩赔款。2007—2009 年，当年赔款支出占已赚保费的比例较高，这说明公司对前期积压的赔款进行了集中赔付。这作为提取准备金的参考因素，也推高了未决赔款准备金的提取。2011 年以后，准备金才回到正常状况。

2006 年以前，期末未决赔款准备金占已赚保费的比例非常低，说明未决赔款准备金提取严重不足，隐匿了实际应该发生的成本，造成虚增利润。2007 年补提 79.51 亿元，2009 年再补提 13.76 亿元，此后逐年下降。2011 年和 2012 年提取的未决赔款准备金分别为-221 亿元、-1 731 亿元，都为负数，转回了前几年提取的金额，存在前几年多提的可能。

2006 年以前，赔款支出和提取未决赔款责任准备金占已赚保费的比例（综合赔付率）逐年上升，说明综合赔付率上升、风险增加，由于未决赔款准备金提取不足，综合赔付率不真实，2007 年补提未决赔款准备金引起综合赔付上升，使当年出现巨额亏损。此后处于较为正常水平。

二、中华联合的公司治理问题剖析

（一）2008 年之前的阶段分析

2008 年之前，中华联合从新疆走向全国，规模高扩大，但同时出现严重亏损，偿付能力严重不足。

1. 内部治理主体是以股东为单边治理主体

一方面，未发挥职工在治理中的作用。首先，职工股是为了融资而非为了治理。由于规模扩张，公司 2 亿元的实收资本严重不足。为增加资本，公司于 2006 年征集职工入股，以各省分公司负责人代持的方式成立新疆华联建设投资有限公司（以下简称“新疆华联”），然后入股中华联合并占比 18%，是除实际控制人兵团国资委之外的第二大股东，但新疆华联的董事高管最终与中华联合的董事高管几乎重合。职工股并非从治理层面出发，而仅仅从融资角度出发，致使该部分股份不能发挥治理作用。其次，公司没有设职工董事，影响了董事会的决策制衡。由于公司信息数据管理体系与公司发展严重不匹配，公司内部信息传递的时效性和真实性受到严重影响，管理层都难以掌握经营的真实情况。董事会没有设置来自基层的职工董事，加大了信息成本。实际上，在

2005 年，公司继续坚持快速发展的战略时，疆外各分公司的员工已经表现出对公司发展的担忧，因为他们更知道所承保的业务质量、内控管理中的混乱局面以及风险的存在，但没有渠道反映到治理层、管理层。

另一方面，银保监会只是进行了外部监管，没有参与内部治理，致使获得的信息不准确并且滞后，不能及时发现问题，更不可能参与决策制衡和发挥监督协作的作用。

2. 股权治理的问题

首先，股权集中，缺乏制衡。2008 年以前，中华联合的前五大股东分别是：新疆生产建设兵团国资委（45%），新疆生产建设兵团投资有限责任公司（20%），新疆华联投资有限公司（18%），乌鲁木齐国有资产经营公司（6.67%），新疆生产建设兵团农业建设第二师（1.33%），其他的小股东多数也是新疆生产建设兵团下属各单位。除新疆华联和乌鲁木齐国有资产经营公司外，其他股东都受新疆生产建设兵团国资委的控制，因此，拥有绝对控制权的大股东就是建设兵团国资委，没有任何制衡。

其次，大股东行为的行政色彩浓厚。新疆生产建设兵团是一个具有特别政治意义的单位，担负屯垦戍边的重任，正因为其特殊，公司才得以更名成为全国唯一一家“中华”打头的公司。兵团国资委作为下属单位，具有比其他各省国资委更强的政治意识，经济利益绝对排在政治大局后面。中华联合在我国加入世界贸易组织的同一时间决定走出新疆、进军全国，正是响应了做大做强民族保险业，抵御外资保险入侵的大局要求。

3. 缺乏董事会对管理层的监督与监事会对董事会和管理层的监督

首先，两职合一，缺乏监督。两职合一有利于统一战略，增强执行力，提高效率。这也是公司能在短时间内快速扩张的重要因素，但两职合一的弊端也被残酷的现实暴露无遗。中华联合的董事长和总经理为同一人担任，执掌公司 10 余年。由于大股东是兵团国资委，董事会成员基本就来自于国资委，政府尤其是兵团又具有很强的首长意识、层级观念，这使兵团国资委委派的董事长成为董事会实际控制人。董事长又同时担任总经理，使董事会对管理层的监督功能失效。管理层利用未决赔款准备金的提取操纵利润，期末未决赔款准备金占已赚保费的比例在 2007 年以前各年都在 7%以内，远低于行业平均水平，与实际情况严重不符。董事会也没有特别关注如此明显的问题。

其次，没有设独立董事。保监会于 2007 年才出台独立董事暂行管理办法，中华联合也没有设置独立董事，失去了独立董事的制衡。

最后，监事会没有发挥有效作用。监事会中的股东监事都来自兵团，与董事会中的股东董事有相同特点，没有发挥监督职能。虽然公司已扩张到全国，但职工监事仍来自于新疆总部职能部门负责人，并不了解公司实际情况，也无法发挥监督作用，更没有设置独立监事。

4. 董事会对管理层配置、战略管理和内部控制方面未发挥有效作用

首先，核心管理人员的选聘未以公司发展目标为标准。尽管公司已走出新疆几年，总公司管理层仍是原来的新疆本土人员。2006 年，公司拟选聘两名副总经理。作为一个雄心勃勃的全国性公司，本应借此引进疆外甚至国外知名的业内经营专家，但公司却提拔了公司内部且一直在新疆本土工作的原中层干部。同时，总公司的职能部门中层负责人也几乎都是公司的原新疆本土人士，这一方面与地域因素不能吸引人才有关，但更主要因为治理层、管理层的理念、人情世故。

其次，缺乏对战略管理的管控。董事会并没有认真审核管理层制定的公司战略。一方面是缺乏专业技能，一方面是因为董事长兼总经理，战略实际就是在董事长主导下制定的。盲目估计内外环境、扩张冲动是管理层常有的毛病，董事会没有深入分析，认真审核，最终造成公司战略上的失败。扩张的战略又导致组织结构安排失当。2002 年，中国人民财产保险公司聘请麦肯锡做机构重组方案，在扩张的同时，建设了承保、理赔、财务三个中心，加强集中管理。2003 年，平安保险着手建立后援中心，实行更大程度的集中管理，后台支撑。中华联合却在规模扩张的战略下不断将分支机构铺到县、镇一级，并将承保、理赔等权限下放到三级机构甚至四级机构，增加了管理难度，代理成本奇高，信息传递到总公司的成本也很高，造成极大的内部交易成本。

最后，内部控制体系严重缺陷。董事会、监事会甚至管理层都没有重视内部控制体系的建设。

信息失真、信息网络硬件落后、没有建立强大的数据库、精算技术落后，专业人员力量不够等问题都导致其无法准确进行准备金的提取。制定承保政策的人员不知道承保的业务究竟是盈利还是亏损，制定政策成了瞎子摸象。各级机构管理人员不知道自己经营的机构究竟是盈利还是亏损。而且在 2007 年以前，准备金由各省分公司自行计提，完全成为省公司管理层调节利润，达成考核目标的工具。

承保、理赔、财务管理、单证管理、资金管理等诸多环节缺乏严格内控管理。保险核保与业务发展不分离，理赔与查勘、业务发展不分离。由于权限下放，有的机构为了发展业务就放宽承保条件，使劣质业务进入公司。查勘员也只是从形式上定损核赔权限，出现严重的理赔人员与修车厂互相勾结的骗保骗

赔行为。业务员资金不及时上缴，保费资金被挪用。

5. 银保监会外部治理失效

首先，银保监会混淆监管与发展两项职责。银保监会有引导保险行业发展的职责，因此，其主导了中华联合的扩张，但是却忽视了监管的职责。按照当时保险法规定，注册资本5亿以上的公司才能在全国范围内经营，但中华联合在2006年以前的注册资本是2亿元，不具备全国经营的资格。但是银保监会并没有执法，制止中华联合的无序扩张。直到2008年9月，银保监会才派出调研组进驻中华联合，到2009年才派驻内控工作组进行实质性监管。

其次，银保监会没有将风险作为监管的核心，其将主要精力用于市场行为监管，弱化偿付能力和公司治理监管，对中华联合极不正常的准备金提取熟视无睹，不能正确计算偿付能力，导致对中华联合治理有效性的误判。

（二）2009—2012年出现的问题

2009—2012年是中华联合的过渡时期，保险保障基金取得兵团的受托管理权，股东方面缺乏制衡，具有短期行为。在董监高方面，其仍未设独立董事，也存在董事长和总经理两职合一、缺乏监督、管理层存在短期行为的问题。

考虑到保险保障基金必然要退出，增资扩股、引入战略投资者是必然，大股东变化、调整管理层是必然，因此中华联合极力实现短期目标、提高利润、实现薪酬绩效。2009年，原董事长兼总经理被免职，兵团国资委重新任命了董事长和总经理。银保监会内控工作组进驻中华联合，虽然在名义上并不是管理层，但实际控制公司。2010年，中华联合实现重组，保险保障基金受托管理控股公司75%的股份，控股公司绝对控股财产保险公司。内控工作组组长转任控股公司和财产保险公司董事长兼总经理，仍然是两职合一。2010年，董事长和总经理身份被确定后，当年即实现8.74亿元的利润，2011年实现23.05亿元的利润，2012年实现27.89亿元的利润。这与新任董监高的努力分不开，但也显现出问题：公司盈利是真实的经营成果，还是夹杂着盈余操纵的成分？两方面迹象显示存在盈余操纵。一方面是通过转回准备金实现盈利，2007年中华联合补提赔款准备金79.51亿元，2008年补提7.22亿元，2008年年末未决赔款准备金占当年已赚保费的比例已达67%，2009年在内控工作组的管控下，又补提13.76亿元，使2009年年末未决赔款准备金占当年已赚保费的比例保持到63%。若把2002—2009年作为一个整体计算，其综合赔付率已达78%。但2010年、2011年的赔款支出并未增加，反而降低，未决赔款对已赚保费占比在2011—2015年的平均占比为49%。这说明提取的未决赔款准备金并未在后期转化成实际赔款，因此，存在虚增赔款准备金的可能。管理层利用事前多提准备金，在自己任期内转回形成利润的方式来操纵利润。另一方面，压缩赔款支出和少计提准备金形成转回利润。2009 年的赔款支出为 134. 23 亿元，2010 年为 120. 15 亿元，2011 年为 118. 52 亿元，但是到 2013 年管理层调整后的赔款支出却是 148. 72 亿元。2011 年提取责任准备金-7. 97 亿元，提取未决赔款准备金-2. 21 亿元，2012 年提取未决赔款准备金-17. 31 亿元，体现为转回了未决赔款准备金，从而增加利润。

第六章　我国财产保险公司治理改善建议

第一节　完善公司内部治理模式

根据前文分析，财产保险公司的治理主体是与公司存在交易或公共契约关系，使所有者面临风险的利益相关者。治理主体包括核心治理主体、重要治理主体以及次要治理主体。不同治理主体应该采取不同的治理方式和途径。而内部参与型治理方式是最为重要的、治理效果最明显的方式。因此，凡是与公司关系密切，合同关系完备性差，投入资产专用性程度高，承担风险大的治理主体都应作为内部治理主体。但是，当前的财产保险公司章程都必须按照《保险法》和《公司法》的规定，确定股东大会为公司权力机关，股东享有公司股东依法享有的资产收益、参与重大决策和选择管理者等的权利。所以当前我国财产保险公司内部治理仍是股东至上的单边治理，并未体现出行业的特殊性，忽视了雇员、债权人及政府的治理主体地位，并不利于维护其他面临很大风险治理主体的利益，因此，我国应建立更为有效的内部治理模式。

由于外部股权资本市场不发达，外部市场交易型治理方式和公共管制型治理方式有滞后、成本较高的缺点，财产保险公司治理体系应以内部治理为主、外部治理为辅。再保险集团、保险公估人、社区等利益相关者通过法律、行政、市场竞争等外部治理机制参与公司治理。与公司关系密切、合同完备性差、资产专用程度高、承担较大风险的治理主体采用内部参与型治理方式。如图6-1所示，股东通过股东大会选举股东董事和股东监事；职工通过职工代表大会选举职工董事和职工监事；政府（银保监会）通过建立人才库的方式介入选拔和考核独立董事和独立监事。股东大会和职工代表大会都是公司的权力机构，参与决定公司的经营方针和投资计划、董事会和监事会报告、财务预决算方案、利润分配与亏损弥补方案、合并与分离解散等重大事项。但是政府只参与独立董事和独立监事的委派和管理，不参与公司的重大决策，不干预公司的经营。

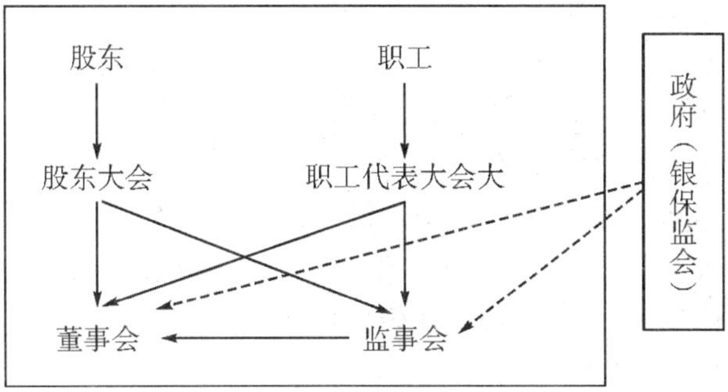

图 6-1　财产保险公司内部治理模式

第二节　完善股权治理

一、提高国有公司股权制衡度

我国财产保险公司整体的股权集中度较高，制衡度较低。在这种情况下，一方面公司容易被大股东操纵，扭曲公司目标，侵占公司资源；另一方面，这会降低其他股东的资源优势来源。前文的实证分析结果也表明股权越集中，制衡度越低，公司绩效越低。为避免股权集中、制衡度差的问题公司，应引入战略投资者，提高股东间的制衡度。

一是引入外资或民营企业成为战略投资者，提高制衡度。涂国前和刘峰（2010）经过实证分析发现：在阻止控股股东“掏空”公司方面，国有股东的制衡效果较差，民营股东则更能起到有效的制衡作用①。这说明引入非国有股东进入国有控股财产保险公司，有利于提高公司绩效。二是引入不同国资主体企业成为战略投资者。央企控制的公司可引入其他央企或地方国企成为战略投资者，省属地方国企可引入其他省的国企成为战略投资者，加强央企之间、各省之间的交流与合作，使公司的实际控制主体多元化，增强对控制权股东的制

① 涂国前，刘峰．制衡股东性质与制衡效果：来自中国民营化上市公司的经验证据［J］．管理世界，2010（11）：132-142.

衡。战略投资者的引入，也有利于股东关联资源的补充，例如，如果浙商财险引入江苏省国资的平台公司作为战略投资者，则浙商财险在江苏的分公司就能获得人才、业务等资源支持。

二、鼓励发展合资公司

截至2018年年底，我国中资财产保险公司共66家，外资财产保险公司共22家，从数量看，外资公司数量占比不低，但市场份额一直较低，发展缓慢，2018年原保费收入市场份额仅1.9%，没有很好地发挥引进外资保险的作用。前文的实证分析得出了外资股东对公司绩效有负向影响的结果，也从实证角度说明外资财产保险公司的发展现状不及中资公司好。

（一）外资财产保险公司发展缓慢的原因

外资公司发展缓慢有两方面原因。一方面，外资公司股东结构单一。22家有外资股东的公司中只有中航安盟、安盛天平和中意财险三家公司是中外合资，其他都是外商独资公司。股东结构单一使外资公司缺乏人才、信息和业务资源，由于我国财产保险业处于快速发展阶段，业内人才缺乏，新公司都是高薪从老公司“挖”人，很多人才对外资财产保险公司并不了解，缺乏到外资公司工作的热情，致使外资公司人才匮乏。外资公司不了解我国的人文环境、法律环境，也没有关联业务的支持，目前很多外资公司都还将业务局限于其母国的外企，如乐爱金财产保险公司的客户就是韩资外企。另一方面是政府的限制。由于担心外资公司对我国财产保险业带来冲击，从保护民族保险业、保护消费者利益和维护国家经济安全等方面的考虑，银保监会制定了一系列限制性政策：必须在加入世界贸易组织2年后才允许设立独资子公司；加入世界贸易组织时只能在上海、广州、大连、深圳、佛山开展业务，3年后才取消地域限制；加入世界贸易组织前4年必须按规定比例向中国再保险公司进行分保；外资财产保险公司不得经营法定保险业务，直到2012年5月才放开交强险的限制。

（二）促进外资财产保险公司发展的对策

一是鼓励合资公司发展。一方面外商独资公司引入中资战略投资者。外商独资财产保险公司股权结构过于单一，可引入中资战略投资者，使股东多元化，解决外资公司人才匮乏、业务资源缺乏和不了解中国国情的问题。另一方面是中资公司引入外资财产保险公司为战略投资者。目前的中资财产保险公司仅有渤海财险引入澳大利亚保险集团、安诚财险引入了东部火灾海上保险公司。合资公司的组建有利于中资股东和外资股东相互学习、借鉴。二是合资公司的方式也能很好地对外资公司的发展进行控制，避免其盲目发展，危及经济的健康发展，维护国家经济安全。

（三）改善监管

政府应消除针对外资财产保险发展的制度限制，取消中资公司和外资公司间的区别待遇；为外资公司提供更多的信息，消除信息壁垒，使外资公司更了解各地区的经济环境、政策环境，鼓励外资公司从相对集中的一线城市和沿海城市转向中西部财产保险欠发达的地区；甚至可以在某些方面为合资公司提供更为优惠的待遇。

第三节　完善董监高管治理

一、提高董事会的决策中心作用

（一）加强董事会对战略的管理

战略管理是董事会的重要职能之一。从代理理论看，董事会应加强对管理层的控制。从资源依赖理论看，董事会能为战略管理提供有益的咨询意见，建立与外界环境沟通的渠道，获得支持。在战略管理上，董事会扮演着监督者、支持者和合作者的角色。

首先，董事会应提升战略服务能力。董事会应提升三方面的能力：一是有足够数量的外部股东董事和独立董事来保持其独立的监督控制能力。二是专业能力，即董事的专业知识、技能和经验等人力资本以及在介入战略管理过程中的有效运用和提升能力。Hillman 和 Dalziel（2003）的研究发现，董事会的经验、信息、专业知识和技能等资本能够为企业带来竞争优势①。三是关系能力。董事所拥有的社会关系网络及其所带来的资源，以及在动态环境下维持并扩展原有关系网络的能力。

其次，董事会要切实介入战略管理。目前，多数公司的战略管理由董事会下设的战略管理委员会负责，而战略管理委员会主要由执行董事组成，导致战略管理实际上被管理层控制，董事会只是从形式上进行签批，没有切实发挥作用。因此，战略管理委员会应增加外部董事成员，其他董事也应参与最后的决策。董事会要做好战略审批和控制。在战略审批阶段，由于方案由管理层拟

① Hillman, Dalziel. Boards of Directors and Firm Performance: Integreating Agency and Resource Dependence Perspectives [J]. Academy of management review, 2003 (3): 383-396.

定，因此，董事会应重点关注与管理层利益相关的事项，防止管理层的机会主义行为。管理层的任期、考核指标、薪酬政策等都会成为影响管理层拟订方案的重要因素。有些方案也许从表面是针对公司目标，但实际潜藏的却是管理层利益。董事会应注意防止管理层的短期行为，防止重业务轻利润的盲目扩张行为。在战略执行的监督与控制阶段，董事会虽然不介入管理层的执行、操作，但必须进行跟踪，及时充分地掌握信息；对阶段性的执行结果进行评估、分析，并给予管理层提示，在出现重大问题及时采取措施。

最后，关注组织结构设计的有效性。战略决定结构；结构影响战略，跟随战略。结构与战略的匹配对提高公司的绩效有重要的意义（冯米等，2014）①。目前虽然各公司都已意识到加强集中管理的重要性，甚至平安财险、大地财险、太平财险、阳光财险、太平洋财险等多家公司还建立了后援中心，但组织结构设计中蕴含复杂的交易成本，此消彼长。因此，董事会必须督促管理层把集中管理的流程、人员等各环节落实到位，这样才能真正起到支撑战略执行的作用。

（二）落实董事会对管理层的管控

首先，落实董事会对管理层的选拔。选拔管理层是董事会的重要职责，目前，高管的选拔聘用主要有两种方式，一是组织任命。目前多数财产保险公司的高管基本是由控股股东直接确定，再从形式上由董事会聘任。二是市场化选聘。对于管理层的选聘，公司应该将选拔聘用权交董事会，由董事会按照市场原则进行选聘，选聘的对象范围包括公司内部选拔和公司外部选拔。

其次，建立科学的选拔聘任体系，全面考察竞聘人员。对高管人员的选聘应注重“匹配度”。一是个人业务能力与公司当前需要的匹配，处于不同发展阶段的公司需要不同的管理者。公司在筹建期需要业内资深拓展型人才，业内人士能通过其人脉关系从老公司挖来大批财产保险业内人员，也能带来保险业务资源；进入正常阶段后，需要综合型人才，平衡公司各方面的目标与冲突，齐头并进。二是个人的理念和价值观与公司文化的适配度。公司应该选拔那些理念和价值观与公司的文化、价值匹配度高的人选。三是个人特征与团队特征的匹配。公司整体战略的最终负责人是高管团队，不是其中的某一两位高管。因此，公司必须以高管团队为整体进行分析，分析团队的性别、年龄、教育水平、职业背景、价值取向、认知能力等特点，增强匹配度，提升团队整体能

① 冯米，张曦如，路江涌. 战略与结构匹配对新兴市场企业集团绩效的影响［J］. 南开管理评论，2014（6）：63-71.

力。四是业内与业外的匹配。作为经营管理层，具有丰富的财产保险经验是很重要的；但是，适度引入业外的经营理念、管理思维，也有利于丰富管理团队的整体能力，增强创新能力。

最后，建立有效的激励与约束机制。第一是考核体系。公司应该客观地评价高管人员，建立高管人员的退出机制。财产保险公司管理层往往具有规模冲动，因此，指标设计应逐步由注重规模向注重效益转变，逐步由注重经营业绩向风险合规并重转变。考核指标的设立应坚持实事求是的原则，符合公司发展的实际。因为部分股东急于求成，给管理层制定了较高的目标，致使管理层过于关注公司的短期目标，不注重长远发展，不敢大胆创新，也造成管理人员变动频繁的局面。第二是建立科学的薪酬制度。公司应该将高管人员的薪酬与公司的长远发展相联系，与高管人员实际做出的贡献、取得的效果相联系。

（三）加强董事会对内部控制的管理

从银保监会检查来看，董事会虽然每年都对内部控制报告进行审核，但形式大于实质，没有发挥内部控制体系在建设中的作用。内部控制是董事会落实战略、防控风险的重要抓手，健全的内部控制体系能提供更加真实、全面的信息，董事会和监事会就更能有的放矢地对管理层进行监督与评价。因此，董事会不能仅仅依赖作为被监督者的管理层对内部控制体系进行管理。董事会必须主动采取措施，督促管理层建立完备的内部控制体系。

首先，建立风险导向型的内部控制体系。内部控制的实质是评价和控制风险，对以风险为经营对象的财产保险公司而言，风险管控尤为重要。财产保险公司应建立风险预警机制和风险评估体系，根据环境的变化和业务活动的变化，不断地对风险进行分析，并将风险处置方式融入业务活动管控中。一方面，财产保险公司应注意全面与重点相结合。外部社会环境不同、公司发展阶段不同、公司内部组织结构不同、人力资源状况不同，公司面临的风险点及风险大小也不同。因此，内部控制既要全面覆盖，更要重点突出，有的放矢。财产保险公司应该注意以下几个重点：在销售环节对客户告知解释到位，并要求客户亲笔签字确认；在承保环节应展业与核保分离；在理赔阶段应现场查勘与核损、核赔分离；单证印鉴应审批、保管、使用相分离。精算管理应有充足的人员、规范的流程、科学的方法、完备的基础数据；在资金控制上应决策与保管、交易分离。另一方面，财产保险公司应注意规范性与创新性的结合。内部控制的目的是防范风险，确保实现公司战略目标。一旦环境发生改变，继续遵循原有的内控规范，必然会影响业务的发展，也无法控制新产生的风险，因此，内部控制规范应及时调整，不能因循守旧。

其次，加强精算工作的管理。建立精算数据库，配备专业技能水平高、业务能力强的精算人员，给予精算人员较高的职位。精算负责人由董事会参与选聘，并定期直接向董事会报告。同时，要确保精算信息真实传递到董事会。

二、强化监事会的监督中心作用

在德国的双层治理结构中，监事会拥有绝对的监督权力。在美国单层治理结构中，独立董事也占比很大，监督话语权很大。我国是并行的治理结构，将更多的权力交给了董事会，监事会一般不能任免董事或高管，仅有建议权，普遍形成董事长权力大于监事长权力的认识。而且监事会也没有具体的工作机构，缺乏履行职责的抓手。在“权力至上”和情理大于法理的文化背景下，监事会在大家心目中就是提提意见的摆设。有的公司设置监事就是为了从形式上应付监管机构或社会公众。

（一）将审计工作的管辖权从董事会移交监事会

独立性是内部审计的精髓所在，独立性除要求审计人员有能力独立客观地胜任审计工作外，还表现为在组织结构中的地位。从银保监会制定的规范来看，内部审计的最终负责人是董事会，监事会可以对内部审计进行指导和监督。这说明内部审计实质是对董事会负责，体现的是董事会对管理层经营管理的监督。内部审计是审查、评价并改善公司的业务活动、内部控制和风险管理的适当性和有效性，以促进公司完善治理、增加价值和实现目标。董事会负有参与战略管理的职责，将内部审计置于监事会的管控下，更能保证内部审计的独立性，保证审计结果客观、真实。因此，财产保险公司应建立由监事会最终负责的内部审计体系。监事会有权任命审计责任人，并安排审计部门的工作；内审结果首先向监事会汇报，然后向董事会、管理层通报；董事会和管理层根据需要也可以向内审部门安排审计工作，但审计结果仍然应同时向监事会汇报。提高内部审计的地位后，内审的范围扩展到董事会，增强审计的独立性，也使监事会由虚变实，不再是一个摆设，更能切实发挥监督作用。

（二）赋予监事独立监督权

目前，监事会采用合议制，每年定期召开会议，根据需要在召开临时会议。监督就是查找存在的问题，提出意见。监事获取信息的渠道较少，有的监事可能缺乏机会去发现问题，对事项的判断也不一定准确。采用合议制和通过举手表决的方式可能会将问题掩盖，如果独立监事人数少，提出的问题可能被合谋的股东监事和职工监事压制。我们可借鉴日本的独立监察制度。每个监事都有独立监督权，不受合议限制，这样就可以充分发挥每个监事的作用。

三、保持董事、高管相对稳定

根据实证结果，董事长和总经理任期越长，绩效越好，变动过于频繁并不利于绩效提高。从样本总体看，董事长平均任期3.06年，总经理平均任期3.09年。从样本公司2015年的情况看，董事长任职年限为1年的占20%，2年的占24%，3年的占4.5%，总经理任职年限在1年的占26%、2年的占20%，3年的占15%，5年以上的仅占30%。这说明当前我国财产保险公司董事和高管的变动过于频繁，将影响公司绩效。一方面，熟悉公司情况需要一个过程，树立权威则需要更长的时间。另一方面，整个行业频繁变动的状态也给董事长和总经理一个心理暗示，使他们更倾向于短期行为，注重近期绩效指标，忽视公司长期目标。

（一）频繁变动的原因

一是业绩考核。财产保险业是市场竞争激烈的行业。经理人市场的发展为公司替换高管提供了支撑。二是组织任命。大部分财产保险公司都是国有企业，控股股东可能出于本身业务结构的调整或出于行政人事安排的需要，对旗下子公司的管理层进行调整。2012年，中国人寿保险公司、中国人民保险公司、中国出口信用保险公司、中国太平洋保险公司转为副部级央企后，四大险企领导班子相继展开了调整。太平财产保险公司李劲夫的职位变动最为典型，李劲夫曾任保监会财险部主任、保监会主席助理，2011年10月—2013年6月，在太平财产保险公司与保监会间两进两出。三是股东变化。“一朝天子一朝臣”，股东更迭势必引发一场人事地震。2016年6月，天安财产保险公司更换董事长，由洪波变更为郭予丰，这是天安财产保险公司自2010年以来第4次调整董事长，6年经历了5任董事长，其原因就在于股东变化。2010年江信国际进驻天安财产保险公司，2011年西水股份加盟天安财产保险公司，成为第二大股东，2013年西水股份接受其他几大股东的表决权，成为实际控制人，2015年西水股份拿下天安财产保险公司51%的股权，成为真正意义上的控股股东。四是同行“挖墙脚”。我国财产保险业发展时间短，培养积累的人才非常有限，可以说是人才奇缺。新公司筹建需要配置有相当经验的管理人员。有的老公司因为业绩下滑原因，或股东变更原因，需要引入新的董事长、总经理。此时的捷径就是开出高薪向其他公司“挖墙脚”，这种“挖墙脚”不仅涉及高管，还会引发部门中层及分支机构管理层及骨干员工的连锁跳槽，对公司影响巨大。

（二）解决对策

首先，树立正确的业绩观。财产保险公司的经营有其客观规律，前期承保的业务责任期要一年后才结束，还有未赔付的理赔责任延期更长，前任高管很可能以准备金为手段进行盈余操纵，将亏损留到后期，由接盘的新任高管承担。新任高管上任后，采取的各项措施需要相当长的一段时间才能发挥作用，见到效果，而且经营业绩还与外部的宏观经济环境相关，这要求高官们在短期内就要出成绩并不现实。如果立即见效，业绩的真实性反而会受到质疑。如大地财产保险公司 2012 年因原董事长蒋明离职，带走大批骨干，引起人心不稳，大批骨干离职。在如此大的人事震动下，公司业绩不可能不受影响，仅队伍稳定下来就要两年时间，还要保证排名不降，承保不亏，市场增速不减，这本身就不切合实际。对新到任的高管或已提出战略调整的高管，公司应给予一定的观察期，在此期间，董事会可以对管理层给予更多关注，审视管理层做出的重大决策。同理，股东也可以对董事长给予更多的关注。在结果尚不能反映真实情况的时期，适当加强过程控制是有必要的，不必简单地以结果为导向判断高管的业绩。

其次，完善薪酬体系。留一部分薪酬延迟支付，而且是有条件支付。公司为了防止其他公司“挖墙脚”，也应注重对市场的调查，设定具有一定诱惑力的薪酬。

最后，减少随意性的组织任命。对于国有企业，控股股东应尽量减少行政干预，企业不是政府单位，讲的是业绩而不是级别，应以市场为导向，建立契约机制，以高管本身的业绩考核为依据来确定高管的去留，而不是出于行政级别匹配的需要等行政原因对高管进行调整。

第四节　改善外部治理

一、加强公司治理监管

借鉴国际经验，银保监会逐步建立以偿付能力监管为核心，包括市场行为监管、公司治理结构监管和偿付能力监管的“三支柱”监管体系。但是，偿付能力也好，市场行为也好，要有所改善，都必须从公司内部找原因和解决办法。外部的监管只是给予公司压力的外因，最终还是要内因发生作用才能从根本上提高偿付能力，改善市场行为。公司的直接内因是公司管理，而根本内因是公司治理。不良的公司治理必然带来不良的偿付能力和市场行为，郝臣（2016）已实证检验出保险公司治理是保险公司偿付能力的重要影响因素，治理水平越高，偿付能力越高①。对公司治理的监管是治“本”，把主要精力从市场行为监管转向公司治理监管，有利于银保监会集中力量把该管的问题管到位，避免精力分散，造成事事都管、事事都管不到位的局面。公司治理监管到位后，可以利用公司内部的力量来管理好自身的市场行为。从目前情况看，银保监会对公司治理的监管还存在以下问题。

一是重市场行为监管、轻公司治理监管。2003 年开始尝试用偿付能力监管以前，我国对财产保险行业的监管主要是市场行为监管。2006 年开始逐步尝试公司治理监管，从制度建设逐步发展到现场监管、风险处置，公司治理监管越来越受到重视，但总体来看仍有待加强。银保监会在机构设置和人员配置上，仅设改革发展部来主要负责公司治理监管，更多的部门及各监管分局的主要任务都在市场行为监管上。从监管者自身利益上看，有重短期政绩、不重长期的思想，因为公司治理监管是对财产保险公司行为的间接干预，属于内源性驱动，作用显现有滞后性，而市场行为监管直接干预公司的行为，能起到立竿见影的效果。市场行为监管的现场检查较多，公司治理的现场检查却比较少，主要依赖于公司自行报送治理情况，近年来才逐步开始实施现场检查，但检查的范围、力度都不够，部分检查停留在表象，没有深入剖析各公司治理的实际运行情况，对查处问题的惩处也不到位。

二是监管方式重形式、轻实质。银保监会过多依赖于公司自行上报的公司治理报告或年度信息披露报告，现场检查核实太少。目前仅是每年对部分公司的公司治理情况进行抽查，缺乏主动、积极、全面的检查，尤其是对信息披露的监管。有的公司在其网站上的信息披露存在不全面、更新不及时、老信息被新信息覆盖的情况。另外，财务信息真实性的监管还有局限性。

有的公司利润波动异常，偿付能力不准确。偿付能力监管是银保监会监管的核心，银保监会的主要精力还停留在偿付能力计算的标准设置上，2016 年才正式开始采用“偿二代”的监管标准。有了标准，各公司计算的数据是否真实至关重要，但迫于监管或考核指标的压力，人为利用精算技术操纵数据的现象较为普遍。目前，银保监会自身精算力量较弱，无法对各公司的精算结果、水平进行审核、评价。

2019 年 11 月，银保监会制定《银行保险机构公司治理监管评估办法（试行）》，规定每年进行一次评估，监管评估采取非现场评估和现场评估相结合

① 郝臣，崔光耀，百丽荷. 保险公司治理对偿付能力影响实证研究：基于公司治理评价视角[J]. 金融与经济，2016（8）：33-36.

的方式，每一年度现场评估比例原则上不低于同一类型机构的30%。要切实提高智力监管水平，还应加强以下几方面：

一是集中力量加强现场检查。在公司治理监管上，银保监会建立了规则引导、行政审查、报告制度、现场监管、信息披露、评级分类、培训交流、风险处置等一整套监管方式，但即便有如此多看似完备的方式，仍出现了很多公司治理的问题。这说明坐在办公室看文件、审报告是不行的，必须进入现场，才能发现公司治理中实际存在的问题。与市场行为监管不同，公司治理情况主要集中在总公司，工作量并不大，银保监会有力量进行深入全面的检查。因此，银保监会应加强全面性的现场检查，检查次数每年不低于一次，不能漏查，也不存在免检，每次检查要查透，不能流于形式，要采取查看记录、谈话、调查比对等多种方式。检查重点是公司治理的实际运作情况，如独立董事是否参加每次会议，是否在每次会前都做了充分准备，是否在每次会议都提出了自己的意见；监事是否对公司的内控管理、风险情况全面掌握，是否对已发现的问题提出书面意见等。

二是加大个人处罚力度，切实促进公司提高治理水平。检查是手段，改进存在的问题、提高治理水平才是最终目的。银保监会必须严格按照规定实施相应的处罚，才能促进其改善。处罚时应公司和个人并重。目前，在市场行为监管中，银保监会各分局加强了对责任个体的处罚，实际上，在市场行为中，基层个体的行为代表的是公司，应该重在对公司的处罚，对个体的处罚交由公司自行处理。但董事、监事、高管是公司治理的关键人物，担负着公司治理、管理的责任，基层行为不当就是其治理、管理不当造成的。因此，对公司治理中的处罚必须落实到责任个体，让其付出个人违规、失职成本，才能促使其履行好自身职责。

三是要避免监管者与被监管者的交叉。公司治理监管针对的就是职级较高的领导，如果被监管公司的领导有可能会调任监管部门的领导，那么，监管部门的工作人员自然会“放一马”。这种情况主要可能出现在国有公司，如原保监会财险部主任李劲夫，2011 年任太平财险董事长，2012 年回到保监会担任保监会主席助理，2014 年又担任太平集团总经理兼太平财险董事长，在这样的情况下，保监会的工作人员应该怎么来检查太平保险的治理情况呢？监管部门的工作人员可辞职去保险公司，保险公司的人员就不应该再以行政命令、组织任命的方式回监管部门了。

四是以偿付能力监管倒逼公司提高治理水平。偿付能力监管是银保监会监管的核心。偿付能力是否达标、公司抵御风险能力如何，也是公司治理是否有效的衡量标准。加强偿付能力监管，及时发现偿付能力不足的风险，有助于倒逼公司改进管理和治理。偿付能力监管的核心地位虽然讲得多，却一直没有得到真正的重视，长期沿用难以覆盖风险的“偿一代”，2012 年年初才发布《中国第二代偿付能力监管制度体系建设规划》，直到 2016 年才正式实施了以风险为导向的“偿二代”。在偿付能力的落实方面，没有真正按照偿付能力监管的要求对财产保险公司执行。例如，中华联合财产保险公司已经明显偿付能力不足，银保监会不但没有按照规定采取相应的监管措施，还放任其继续铺设机构、扩大规模，致使最后爆出严重亏损，迫使银保监会动用了保险保障基金这道最后的风险防范屏障。

二、加强信息真实性监管

信息是公司治理问题的根源，正因为信息不对称，才出现道德风险和逆向选择，使公司治理成为一个难题，也使保险监管成为一个难题。2002 年国际保险监督官协会（IAIS）发布了《保险公司公开信息披露指引》，我国保监会制定了《保险公司管理规定》《保险统计管理暂行规定》《中国保监会关于建立财产保险承保理赔信息客户自主查询制度的工作方案》等一系列涉及财产保险公司信息披露管理的规章制度，2010 年以部门规章的形式颁布了《保险公司信息披露管理办法》。2015 年，保监会将保险公司治理报告、内部审计工作报告、内部控制报告和薪酬管理报告进行了整合，形成了统一的《保险公司治理报告范本》，对各公司治理信息的上报进行了规范。应该说，银保监会对财产保险公司信息的管理还是比较重视，但还需要在核心信息工作方面加强监管。

（一）加强各公司数据库建设的监管

财产保险公司经营的基本法则是大数原理，在大数原理下，才能通过对风险的集合与分散来转移风险、化解风险。因此，大数据是财产保险公司与生俱来的一个重要特征。建立大数据、管理大数据对财产保险公司具有重要的意义。真实而完备的数据是公司业务质量分析的基础，在此基础上，公司才能准确分析业务发展方向，分析责任准备金的提取和理赔准备金的提取，核算经营利润，判断管理层经营成果。为此，财产保险公司应建立强大的信息系统，建立信息中心和灾备中心，为大数据的管理提供充足的物质基础。目前，平安财险、太平洋财险等大公司已拥有非常先进的信息系统，而且及时更新信息技术。但还有部分小公司对此不够重视，信息系统较为落后。

（二）介入各公司精算工作，确保准备金计提准确。

财产保险公司的核心技术是精算技术。财产保险公司收取保费后就承诺了一份或有责任，或有责任的区间很大，处于 0 至保险金额这个区间里，低的为

0，高的可能上亿元，差异很大。如何判断可能承担的责任就依赖于精算技术。财产保险公司应通过精算技术分析承保业务的质量，分析发生理赔责任的可能性大小、损失赔偿的金额大小及发生的时间，以此来提取未到期责任准备金和未决赔款准备金，进入公司的成本，冲减利润。因此，利润的大小就和两项准备金的提取与转回密切相关，这也是造成财产保险公司经营数据不准确的重要因素。精算技术也成了管理层操纵利润的重要手段，有的公司管理层以少提准备金的方式使经营数据维持正常状态，一旦管理层进行调整，新管理层就深挖精算原因，采取补提措施来增加准备金，将亏损暴露出来。有的公司甚至超量补提准备金，试图在后期转回，形成利润，为自己后期的经营能有良好的数据做准备。有的公司精算人才不足，专业技能差，对数据的管理能力差，无法很好地进行精算，造成公司经营数据失真，影响管理层决策，影响治理层判断。

数据信息失真使银保监会成为盲人，无法判断财产保险公司偿付能力信息的真实性，作为监管核心的偿付能力监管就失去存在的意义，也很难判断治理层是否发挥作用。因此，银保监会一方面对各公司的精算工作要提出高标准、严要求；另一方面要提高自身的精算水平，建立强大的精算队伍，深入各公司的精算工作中，对其精算所采集的数据、使用的方法等进行全面复核，确保精算数据的准确性。

（三）转变监管分局角色，加强信息真实性监管

当前，各监管分局的主要精力用到了市场行为监管上。为确保监管真正到位，各分局应转向对信息真实性的监管上，检查承保理赔业务是否全部进入业务管理系统，数据是否真实；检查各分支机构的信息记录是否真实；将检查情况上报银保监会，作为监管决策的依据；通报给各总公司管理层和治理层，为管理层对分支机构的管理提供帮助，为治理层对管理层的管控提供支持。

三、改善外部市场治理机制

（一）完善经理人市场

随着我国保险业的发展，保险业经理人严重匮乏的局面有所缓解，人员数量和素质有很大的提高，经理人市场对现任经理人形成了一定的压力，显现出治理上的积极作用。但经理人市场治理上还存在以下问题：

首先，国有财产保险公司仍未实施职业经理人制度。2015 年，中共中央、国务院印发了《关于深化国有企业改革的指导意见》，指出“要切实落实和维护董事会依法行使重大决策、选人用人、薪酬分配等权利，保障经理层经营自主权，法无授权任何政府部门和机构不得干预……推行职业经理人制度，实行

内部培养和外部引进相结合，畅通现有经营管理者与职业经理人身份转换通道，董事会按市场化方式选聘和管理职业经理人，合理增加市场化选聘比例，加快建立退出机制。推行企业经理层成员任期制和契约化管理，明确责任、权利、义务，严格任期管理和目标考核”。国有财产保险公司属于典型的市场化、竞争性强的行业，应按照指导意见加快改革，实行职业经理人制。但是，目前国有财产保险公司在职业经理人制度仍未迈开实质性步伐，董事长和总经理都是由政府行政机构或国有控股股东行政任命，在考核评价上多带有行政色彩，没有发挥董事会在高管人员选聘上的作用。

其次，经理人的流通渠道不畅。作为高管人才中介的猎头公司发展不足，不具备高端人才挖掘的能力，使供需双方缺乏对接渠道。经理人的选聘还受到商业环境、社会文化的阻碍。目前，我国财产保险行业的高管甚至和分支机构的高端人才，基本上都是通过熟人引荐的，纯粹由猎头挖掘成功的很少。

最后，经理人的市场供求双方在角色认知和经营理念上存在差异。在信息不对称状态下，职业经理人和用人公司处于非理性博弈状态，双方对自身角色及对方角色的认知存在偏差。例如，聘任方过于依赖自身能力或以往的经验，虽然在形式上聘请了经理人，但无法真正放权，对外聘经理人的能力和职业道德存疑。经理人则往往不能适时给自己定好位，例如，过于自负，激进推进新的发展思路、管理方法，与选聘方缺乏沟通等。在经营理念上，选聘方可能期望经理人能在短期内显著提升公司业绩。而经理人则希望在长期经营中有所建树，树立良好的声誉，实现个人价值。

因此，我国保险行业应尽快按照文件规定落实国有财产保险公司经理人的市场化选聘，形成市场化经理人的氛围；建立经理人的征信系统，优化人才市场信任结构；建立人才评价系统，对经理人的专业技能、经营业绩、道德水平、努力程度、廉洁自律等进行全方位的评价。评价结果将成为评经理人声誉的重要指标；当评分低时，经理人价值就贬值，有被替换的风险。同时，我们还要培育猎头公司等人才中介组织，增强市场主体间的信息对称性。

（二）提高产品市场竞争程度

由于我国经济发展水平较低，财产保险业处于初级发展水平，又受到国家对市场主体资格的严格管制。产品市场竞争总体不充分。截至 2019 年，我国财产保险业历经几十年的发展，也仅有 89 家竞争主体。与人寿保险产品不同，财产保险产品模仿性强，导致保险产品同质化严重，创新不足，使竞争处于低层次的恶性竞争状态，还未能极大地触发管理层的创新性。因此，我们还应放开对财产保险公司的管制，增强产品市场的有效竞争。

结　论

本书结合我国财产保险公司治理的特殊性及所处环境的特殊性，以交易成本理论、代理理论和资源依赖理论为基础，以合同完备性和资产专用性为工具，对我国财产保险公司治理模式、治理主体以及治理机制进行研究，并实证分析了公司治理对绩效的影响，结合治理的现状提出改善建议。本书的主要结论如下：

（1）由于财产保险公司的经营具有特殊性，公司治理上也有特殊性，因此不能简单沿用普通行业的公司治理模式和机制。

（2）财产保险公司治理不应该是股东为唯一治理主体的一元治理，而是关系密切、面临交易风险的利益主体的共同治理。治理主体可分为核心治理主体、重要交易型治理主体、重要公共契约型治理主体，以及次要交易型治理主体和次要公共契约型治理主体。各类治理主体实施治理的方式有内部参与型治理、外部交易型治理和外部公共管制型治理，而且不同的治理主体分别有内部权威机制、外部司法手段、咨询调查、破产清算等多种实施途径。

（3）我国财产保险公司处于我国独特的人文环境和不发达的股权资本市场环境之中，外部市场治理机制因受到保险监管而作用发挥不足，外部的媒体、法制等社会治理机制作用也有局限性，而且不可能在短期内有所转变。因此，我国财产保险公司治理应该是以内部治理为主、外部治理为辅。

（4）我国财产保险公司的内部治理主体应该是股东、雇员和政府。其中，雇员通过将董事、监事、高管排除在外的职工代表大会委派董事、监事实施治理。政府不能干预公司具体经营决策，而是由银保监会通过对独立董事和独立监事的选聘和考核管理的方式来确保其认真履行以公司的持续发展和价值最大化为目标的职责。最终通过董事会的决策制衡与控制和监事会的监督协作，实现治理主体的共同治理。

（5）当前我国财产保险公司在内部治理上还停留于以物质资本提供者为治理主体的一元治理模式，没有发挥雇员和政府在内部治理上的作用；在股东制衡、董事会决策、监事会监督以及激励约束和信息披露等具体内部治理机制方面存在问题，在法律制度、银保监会监管以及外部市场治理机制方面存在不足，需要从治理模式、机制上加以系统的改进。

参考文献

[1] 巴纳德. 经理人员的职能 [M]. 王永贵，译. 北京：机械工业出版社，2013.

[2] 斯密. 国民财富的性质和原因的研究 [M]. 郭大力，译. 北京：商务印书馆，2010.

[3] 伯利，米恩斯. 现代公司与私有财产 [M]. 甘华鸣，等译. 北京：商务印书馆，2007.

[4] 马奇，西蒙. 组织 [M]. 邵冲，译. 北京：机械工业出版社，2013.

[5] 斯科特，戴维斯. 组织理论：理性、自然与开放系统的视角 [M]. 高俊山，译. 北京：中国人民大学出版社，2011.

[6] 哈肯. 高等协同学 [M]. 郭治安，译. 北京：科学出版社，1989.

[7] 斯蒂格利茨. 社会主义往何处去 [M]. 周立群，等译. 长春：吉林人民出版社，2011.

[8] 张维迎. 企业理论与中国企业改革 [M]. 北京：北京大学出版社，1996.

[9] 西蒙. 管理行为 [M]. 北京：北京经济学院出版社，1991.

[10] 刘延平. 多维审视下的组织理论 [M]. 北京：清华大学出版社，2007.

[11] 哈特. 不完全合同、产权和企业理论 [C]. 费方域，译. 上海：上海三联书店，2011.

[12] 陈郁. 所有权、控制权与激励：代理经济学文选 [C]. 上海：上海三联书店，1998.

[13] 陈郁. 企业制度与市场组织 [C]. 上海：上海三联书店，1996.

[14] 阿罗. 信息经济学 [M]. 何宝玉，等译. 北京：北京经济学院出版社，1989.

[15] 青木昌彦. 企业的合作博弈理论 [M]. 郑江淮，译. 北京：中国人

民大学出版社，2005.

［16］奥尔森. 集体行动的逻辑［M］. 陈郁，译. 上海：上海三联书店，1995.

［17］夏纪军. 公平与集体行动的逻辑［M］. 上海：上海三联出版社，2012.

［18］杜玛，斯莱德. 组织经济学［M］. 原磊，译. 北京：华夏出版社，2006.

［19］亨德里克斯. 组织的经济学与管理学：协调、激励与策略［M］. 胡雅梅，译. 北京：中国人民大学出版社，2007.

［20］查卡姆. 公司常青：英美法日德公司治理的比较［M］. 郑江淮，译. 北京：中国人民大学出版社，2006.

［21］布莱尔，罗伊. 雇员与公司治理［M］. 陈宇峰，等译. 北京：中国人民大学出版社，2014.

［22］凯伊. 公司目标［M］. 孙宏友，等译. 北京：中国人民大学出版社，2014.

［23］朱方明，姚树荣. 企业经济学［M］. 北京：经济科学出版社，2009.

［24］张维迎. 理解公司［M］. 上海：上海人民出版社，2014.

［25］杨小凯. 专业化与经济组织：种新兴古典微观经济学框架［M］. 北京：经济科学出版社，1999.

［26］威廉姆森. 资本主义经济制度［M］. 段毅才，译. 北京：商务印书馆，2004.

［27］威尔金森. 行为经济学［M］. 贺京同，译. 北京：中国人民大学出版社，2012.

［28］明兹伯格. 卓有成效的组织［M］. 魏青江，译. 北京：中国人民大学出版社，2007.

［29］达夫特. 组织理论与设计精要［M］. 李维安，译. 北京：机械工业出版社，1999.

［30］周三多，陈传明，鲁明泓. 管理学原理与方法［M］. 上海：复旦大学出版社，1999.

［31］巴加特，杰弗里斯. 公司治理计量经济学分析［M］. 宋增基，译. 北京：北京大学出版社，2010.

［32］李维安. 公司治理评价与指数研究［M］. 北京：高等教育出版社，

2005.

[33] 张宗益，宋增基. 中国公司治理：理论与实证分析 [M]. 北京：北京大学出版社，2011.

[34] 巴尼，克拉克. 资源基础理论：创建并保持竞争优势 [M]. 上海：上海人民出版社，2011.

[35] 彭罗斯. 企业成长理论 [M]. 赵晓，译. 上海：上海三联书店，2007.

[36] 潘敏. 商业银行公司治理：基于银行业特征的研究 [M]. 北京：人民出版社，2013.

[37] 法尼. 保险企业管理学 [M]. 张庆洪，等译. 北京：经济科学出版社，2002.

[38] 侯旭华，黄健中，欧阳挥义. 保险公司会计 [M]. 上海：复旦大学出版社，2006.

[39] 陈信元，朱红军. 保险公司偿付能力监管会计框架研究 [M]. 上海：上海财经大学出版社，2006.

[40] 江生忠. 保险企业组织形式研究 [M]. 北京：中国财政经济出版社，2008.

[41] 赵守兵，刘俊. 中国平安保险：管理模式与企业规划 [M]. 深圳：海天出版社，2009.

[42] 徐莉. 非对称信息与保险交易行为研究 [M]. 北京：中国金融出版社，2010.

[43] 国务院. 国务院关于加快发展现代保险服务业的若干意见 [S]. 北京：人民出版社，2014.

[44] 孙祁祥，郑伟. 入世十年与中国保险业对外开放：理论、评价与政策选择 [M]. 北京：经济科学出版社，2011.

[45] 陈恳. 迷失的盛宴：中国保险史 1978—2014 [M]. 杭州：浙江大学出版社，2014.

[46] 王建东. 中小保险公司发展研究 [M]. 天津：南开大学出版社，2011.

[47] 国际货币基金组织. 关于中国遵守《保险核心原则与方法》详细评估报告 [M]. 北京：中国金融出版社，2012.

[48] 国际保险监督官协会. 保险核心原则、标准、指引和评估方法 [M]. 北京：中国金融出版社，2012.

［49］郝臣. 中国保险公司治理研究［M］. 北京：清华大学出版社，2015.

［50］伍德里奇. 计量经济学导论［M］. 费剑平，译. 北京：中国人民大学出版社，2010.

［51］成刚. 数据包络分析方法与 MAXDEA 软件［M］. 北京：知识产权出版社，2014.

［52］陈强. 高级计量经济学及 STATA 应用［M］. 北京：高等教育出版社，2014.

［53］张德明. 基于多元利益主体的公司治理机制研究［D］. 哈尔滨：哈尔滨工程大学，2003.

［54］魏纪泳. 多元利益主体共同治理机制研究［D］. 合肥：中国科学技术大学，2006.

［55］刘美玉. 企业利益相关者共同治理与相互制衡研究［D］. 大连：东北财经大学出版社，2007.

［56］胡晓静. 论公司治理中的利益平衡［D］. 长春：吉林大学，2007.

［57］张可洁. 我国职工监事制度研究［D］. 长沙：湖南大学，2011.

［58］刘正才. 中国家文化与华人企业治理模式［D］. 上海：华东师范大学，2002.

［59］龚丽. 利益相关者参与价值增值分享的研究［D］. 青岛：中国海洋大学，2011.

［60］汪金爱，宗方宇. 国外高阶梯队理论研究新进展：揭开人口学背景黑箱［J］. 管理学报，2011（8）.

［61］陈守明，郑洪亮. 高阶理论的认知逻辑及其管理实践含意［J］. 经济论坛，2009（8）：4-6.

［62］冯米，张曦如，路江涌. 战略与结构匹配对新兴市场企业集团绩效的影响［J］. 南开管理评论，2014（6）：63-71.

［63］魏道江，康承业，李慧民. 自组织与他组织的关系及其对管理学的启示［J］. 系统科学学报，2014（5）：45-48.

［64］徐忠爱. 从组织理论到契约经济学文献综述［J］. 产业经济评论，2009（12）：102-116.

［65］马昀. 资源基础理论的回顾与思考［J］. 经济管理，2001（6）：23-27.

［66］姚书杰. 分工、协调和企业组织若干基本理论问题［J］. 当代经济

管理，2011（12）：17-22.

［67］郝臣，李礼. 公司治理模式的多维度比较研究：构建公司治理权变模式［J］. 南开管理评论，2006（2）：84-89.

［68］李星洲，曹鲁明等. 公司治理与企业目标的现实选择［J］. 科学与管理，2006（3）：47-50.

［69］曲扬. 公司治理模式与国家文化的关联性研究［J］. 中央财经大学学报，2005（8）：54-62.

［70］彭华伟. 美国伦理文化观的历史形成及对公司治理的影响［J］. 现代商业，2014（9）：137-139.

［71］肖洋. 德国崛起的社会文化解读［J］. 当代世界，2012（11）：44-47.

［72］尹小平. 集团主义文化与日本公司治理结构的内部化制度变迁［J］. 现代日本经济，2014（6）：60-69.

［73］罗利勇. 组织视角的企业治理目标［J］. 企业管理，2014（12）：118-120.

［74］李维安，牛建波，宋笑扬. 董事会治理研究的理论根源及研究脉络评析［J］. 南开管理评论，2009（1）：130-145.

［75］严若森. 双重委托代理理论与股权集中型公司治理最优化研究综述［J］. 当代经济科学，2006（4）：90-95.

［76］王荣昌，贺美兰. 独立董事制度：历史根源与研究现状［J］. 生产力研究，2008（16）：137-139.

［77］王世权，李维安. 监事会治理理论的研究脉络及进展［J］. 产业经济评论，2009（3）：24-38.

［78］王世权. 监事会的本原性质、作用机理与中国上市公司治理创新［J］. 管理评论，2011（4）：47-53.

［79］周建，张双鹏，刘常建. 分离 CEO 两职合一：代理问题缓和与战略继任的开始［J］. 管理科学，2015（5）：1-13.

［80］刘诚. 董事会的功用及其社会性：灰色董事研究评述［J］. 财经问题研究，2015（12）：23-29.

［81］陈仕华，郑文全. 公司治理理论的最新进展：一个新的分析框架［J］. 管理世界，2010（2）：156-166.

［82］李维安，邱艾超等. 公司治理研究的新进展：国际趋势与中国模式［J］. 南开管理评论，2010（6）：13-24.

［83］黄蕾. 产品市场竞争、董事会治理与上市公司信息披露质量［J］.

财经理论与实践，2013（3）：83-87.

［84］王光远，翟曲. 公司治理中的内部审计：受托责任视角的内部治理机制观［J］. 审计研究，2006（2）：29-37.

［85］郑志刚，梁昕雯，吴新春. 经理人产生来源与企业未来绩效改善［J］. 经济研究，2014（4）：157-171.

［86］王波，叶勇，李明. 媒体的公司治理作用研究述评与未来展望［J］. 华东经济管理，2014（10）：142-146.

［87］严也舟. 法律环境、政府干预与公司治理研究综述［J］. 中国管理信息化，2008（8）：55-57.

［88］卢馨，方瑞孜，郑阳飞. 外部环境能够抑制企业高管腐败吗［J］. 经济与管理研究，2015（3）：30-39.

［89］于茂荐，孙元欣. 专用性投资、法律制度环境与治理机制选择：基于制造业上市公司的经验证据［J］. 山西财经大学学报，2016（3）：45-55.

［90］谷晶. A 股市场的有效性研究［J］. 现代管理科学，2010（10）：115-117.

［91］黎文靖，孔东民. 信息透明度、公司治理与中小股东参与［J］. 会计研究，2013（1）：42-50.

［92］魏明海，蔡贵龙，程敏英. 企业股权特征的综合分析框架：基于中国企业的现象与理论［J］. 会计研究，2016（5）：26-33.

［93］郝臣. 国外公司治理与公司绩效关系研究综述：1976—2006 年经典文献梳理［J］. 审计与经济研究，2009（3）：107-112.

［94］谢永珍，赵琳，王维祝. 治理行为、治理绩效：内涵、传导机理与测量［J］. 山东大学学报，2013（6）：80-94.

［95］王奇波，宋常. 国外关于最优股权结构与股权制衡的文献综述［J］. 会计研究，2006（1）：83-88.

［96］陈德萍，陈永圣. 股权集中度、股权制衡度与公司绩效关系研究：2007-2009 年中小企业板块的实证检验［J］. 会计研究，2011（1）：38-43.

［97］魏刚，肖泽忠等. 独立董事背景与公司经营绩效［J］. 经济研究，2007（3）：92-105.

［98］王世权，宋海英. 上市公司应该实施独立监事制度吗：来自中国证券市场的证据［J］. 会计研究，2011（10）：69-76.

［99］唐建新，李永华，卢剑龙. 股权结构、董事会特征与大股东掏空：来自民营上市公司的经验证据［J］. 经济评论，2013（1）：86-95.

［100］李志斌. 内部控制、股权集中度与投资者关系管理：来自A股上市公司投资者关系调查的证据［J］. 会计研究，2013（12）：72-78.

［101］何玉润，林慧婷，王茂林. 产品市场竞争、高管激励与企业创新［J］. 财贸经济，2015（2）：125-135.

［102］杨风. 产品市场势力、公司治理与公司绩效［J］. 产经评论，2016（3）：83-97.

［103］谢军，吕文洁. 公司领导结构对管理层变更的影响：来自上市公司的证据［J］. 上海金融学院学报，2012（3）：88-96.

［104］朱滔，丁友刚. 产权性质、领导权结构变化与公司业绩［J］. 会计研究，2016（5）：48-55.

［105］姜付秀，尹志宏等. 管理者背景特征与企业过度投资行为［J］. 管理世界，2009（1）：130-139.

［106］李前兵. 董事长特征、董事会独立性与公司创新绩效［J］. 现代管理科学，2010（10）：61-63.

［107］陆正飞，胡诗阳. 股东-经历代理冲突与非执行董事的治理作用：来自中国A股市场的经验证据［J］. 管理世界，2015（1）：129-138.

［108］田高良，封华，于忠泊. 资本市场中媒体的公司治理角色研究［J］. 会计研究，2016（6）：21-29.

［109］吴宏洛. 论我国劳动力产权的实现［J］. 东南学术，2010（1）：77-82.

［110］王珍宝. 德国工会的组织运作及其启示［J］. 工会理论研究，2013（6）：41-46.

［111］杨风. 产品市场势力、公司治理与公司绩效［J］. 产经评论，2016（3）：83-98.

［112］李建标，李帅琦. 两职分离形式的公司治理效应及其滞后性［J］. 管理科学，2016（1）：53-68.

［113］董登新. 美国股市8年退市7 000只股票：以1995至2002年美国股市的退市样本为例［N］. 中国证券报，2011-5-30（5）.

［114］陆晓龙. 我国保险公司组织结构优化研究［D］. 天津：南开大学，2010.

［115］罗胜. 保险公司治理评价与治理监管研究［D］. 天津：南开大学，2012.

［116］邢婷婷. 保险公司内部控制研究［D］. 天津：南开大学，2013.

［117］王姝. 主要发达国家国际保险监管制度比较研究［D］. 长春：吉

林大学，2013.

［118］刘红. 中国保险公司经营状况综合评价指标体系与方法研究［D］. 上海：上海交通大学，2007.

［119］赵玉涛. 基于权变理论的中国保险公司风险管理体系构建研究［D］. 北京：对外经济贸易大学，2014.

［120］周灿. 中国保险业的经济外部性实证研究［D］. 长沙：中南大学，2014.

［121］张春海. 我国保险业经营效率研究：基于人力资本与市场结构视角［D］. 北京：对外经济贸易大学，2014.

［122］申院荣. 从管理层控制博弈分析看保险公司治理监管［J］. 经济论坛，2007（1）：95-97.

［123］刘美玉. 基于利益相关者共同治理的保险公司治理研究［J］. 保险研究，2008（9）：7-12.

［124］郝臣，李慧聪，罗胜. 保险公司治理研究：进展、框架与展望［J］. 保险研究，2011（11）：119-127.

［125］张扬，郝臣，李慧聪. 国外保险公司治理研究：主题、逻辑与展望［J］. 保险研究，2012（10）：86-94.

［126］郝臣，付金薇，李维安. 国外保险公司治理研究最新进展：基于2008—2017年文献的综述. 保险研究，2018（4）：112-127.

［127］沈蕾. 论保险公司治理的特殊性：一个数理模型的分析［J］. 财经论丛，2009（3）：54-61.

［128］刘素春. 保险公司治理的特殊性研究：基于利益相关者理论［J］. 保险研究，2010（5）：84-89.

［129］贲奔，臧明仪. 保险公司治理监管的硬约束［J］. 中国金融，2014（3）：56-58.

［130］沈蕾. 保险公司治理模式创新研究：基于风险管控治理理论［J］. 保险研究，2012（5）：37-44.

［131］郝臣等. 保险公司治理对偿付能力影响实证研究：基于公司治理评价视角［J］. 金融与经济，2016（8）：50-56.

［132］王艳. 我国保险公司的治理与风险防范［J］. 当代经济研究，2013（4）：65-70.

［133］姚树洁，冯根福，韩钟伟. 中国保险业效率的实证分析［J］. 经济研究，2005（7）：56-65.

[134] 李红坤，仵颖涛. 我国保险业绩效与市场竞争、公司治理交互关系的实证分析 [J]. 山东经济，2010 (11)：114-120.

[135] 陈彬、邓霆. 公司治理对保险公司绩效影响的实证检验：以 24 家中资财产保险公司为例 [J]. 社会保障研究，2013 (1)：104-112.

[136] 夏喆，荆龙. 公司治理机制对我国保险业风险与绩效的影响：基于我国保险行业 2011 年截面数据保险研究 [J]. 保险研究，2013 (3)：16-23.

[137] 苏洁. 我国非寿险公司治理与公司绩效的关系研究 [D]. 上海：复旦大学，2013.

[138] 廖梦语. 我国保险公司治理对公司绩效影响的实证研究 [D]. 成都：西南财经大学，2014.

[139] 李秋孟. 我国保险公司股权结构与公司治理绩效研究 [D]. 广州：华南理工大学，2014.

[140] 王玲. 我国上市保险公司股权结构对绩效的影响研究 [D]. 南宁：广西大学，2014.

[141] 於乐. 中国上市保险公司股权结构与经营绩效研究 [D]. 上海：上海交通大学，2014.

[142] 曹廷求，张惠. 保险公司治理：点性模式的国际比较 [C]. “竞争、合作与发展”保险理论研讨会获奖论文集，2005 (11).

[143] 魏思博. 我国国有股份制保险公司治理模式研究 [J]. 中国农业银行武汉培训学院学报，2010 (5)：55-57.

[144] 江津，王凯. 我国保险公司治理机制有效性研究：基于上市保险公司的实证检验 [J]. 保险研究，2015 (1)：62-71.

[145] 中国人民银行金融稳定局课题组. 巴塞尔协议与保险业偿付能力监管标准 [J]. 中国金融，2012 (9)：69-71.

[146] 项俊波. 对当前我国保险改革与发展问题的思考 [J]. 保险研究，2013 (8)：3-12.

[147] 宋莹. 英国保险业监管新框架及对我国的启示 [J]. 南方金融，2015 (1)：57-61.

[148] 朱晶晶，吴杰，谢志刚. 论资本充足率指标的监管干预依据与风险预警职能 [J]. 保险研究，2015 (3)：46-53.

[149] 周延礼. 保险监管改革方向及未来五年形势预测 [J]. 中国党政干部论坛，2014 (8)：59-61.

[150] 王颖. 国际保险监管模式及启示 [J]. 宏观经济管理，2013 (4)：

80-82.

[151] 凌士显. 保险业特殊性与公司治理潜在风险分析 [J]. 保险理论与实践, 2016 (11): 11-12.

[152] 夏喆, 陈延. 我国保险行业公司治理存在着特殊性吗: 基于2012—2014年的数据对比分析 [J]. 湖北经济学院学报 (人文社会科学版), 2016 (8): 59-61.

[153] R. I. Tricker. Corporate Governance [M]. Gower Publishing Company Limited, 1984.

[154] Freeman, R. Edward. Strategic Management: A Stakeholder Approach [M]. Pitman Publish-ing Inc, 1984.

[155] K. N. Dayton. Corporate Governance: the other Side of the Coin [J]. Harvard Bussiness Review, 1984 (1): 34-37.

[156] Hermalin, Weisbash. Endgenously chosen boards of directors and their monitoring of the CEO [J]. American economic review, 1998, 88: 96-118.

[157] Barney. Jay. Firm resources and sustained competitive advantage [J]. Journal of management, 1991 (17): 99-120.

[158] Grossman SJ, Hart OD. Takeoverbids, the freeride rproblem, and the theory of the corporation [J]. Bell Journal of Economics, 1980 (1): 42-64.

[159] LiptonM, LorschJ. A modest proposalfor improved corporate governance [J]. Business Lawyer, 1992 (1): 59-77.

[160] Jensen M C. The modern industrial revolution, exit, and the failure ofinternal controlsystem [J]. The Journal of Finance, 1993, 48 (3): 831-879.

[161] Hambrick DC, Mason PA. Upper echelons: the organiza-tion as a reflection of it stop managers [J]. Academy of Management Review, 1984, 9 (2): 193-206.

[162] MorckR, Shleifer A, Vishny RW. Management ownership and market valuation: an empirical analysis [J]. Journal of Financial Economics, 1988 (20): 293-315.

[163] LaPortaR, Lopez-de-silanesF, ShleiferA, VishnyRW. Invest or protection and corporat evaluation [J]. Journal of Finance, 2002, 57 (3): 1147-1170.

[164] Zwiebel, J. Block investment and partial benefits of corporate control [J]. Review of Economic Studies, 1995. 62: 161-185.

[165] Yermack. Higher Market Valuation of Companies with a Small Board of

Directors [J]. Journal of Financial Economics, 1996, 40 (2): 185-211.

[166] Zahra SA and PearceJA. Boards of directors and corporate financial performance: a review and inregrative model [J]. Journal of Management , 1989, 15: 291-334.

[167] Helgesen. s. the female advantage [M]. new York: doubleday, 1990.

[168] Kreps. D and R. Wilson. Sequential equilibrium [J]. Econometrica, 1982, 50 (4): 863-894.

[169] Holmstrom , B. Moral hazard in teams [J]. The Bell Journal of Economics, 1982, 13: 324-340.

[170] Grossman S J and H art O D. Corporate financial structure and managerial incent ives [A]. in: McCall. J (Ed.). The economics of information and uncertainty [C]. Chicago: University of Chicago Press, 1982: 107-140.

[171] George A. Akerlof. The market for "Lemons": Quality Uncertainty and the market mechanism [J]. The quarterly journal of economics, 1970. 84 (3): 488-500.

[172] Cable. D. M, Judge. T. A Pay preferences and job search decisions: A person-organization fit perspective [J]. Personnel psychology, 1994 (47): 317-348.

[173] Johnston BIr chall and Richard simmons. What Motivates Members to Participate in Co-operative and Mutual Businesses? A theoretical model and some findings [J]. Annals of Public and Cooperative Economics, 2004, 75 (3) 465-495.

[174] David Mayers. Anil Shivdasani and Clifford W. Smith. Jr. Board composition and corporate control : Evidence from the insurance industry [J]. the journal of business, 1997, 70 (1): 33-62.

[175] Holmstrom B, Milgrom P. Multi-Task princip-agent analyses: incentive contracts, asset ownership and design [J]. Journal of law. economics and organization, 1991 (7): 24-52.

[176] Smith B D and Stutzer M. Adverse selection, aggregate uncertainty, and the role for mutual insurance con-tracts [J]. Journal of Business, 1990, 63 (4): 493-511.

[177] Diacon S R, O'Sullivan N. Does corporate governance influence performance? Some evidence from UK in-surance companies [J]. International Review of Law and Economics, 1995, 15 (4) : 405-424.

[178] O' Sullivan, Stephen Diacon. Internal and external governance mechanisms: evidence from the UK insurance industry [J]. Corporate Governance: An International Review, 1999, 7 (4): 363-373.

[179] Mayers D and Smith Jr C W. Compensation and board structure: evidence from the insurance industry [J]. Journal of Risk and Insurance, 2010, 77 (2): 297-327.

[180] Barrese J, et al. Ownership concentration and governance in the US insurance industry [J]. Journal of Insurance issues, 2007, 30 (1) : 1-30.

[181] Steven N. Kaplan, David Reishus. Outside Directorships and Corporate performance [J], Journal of Financial Economics , 1990, 27 (2): 389-410.

[182] Boubakri N., G. Dionne & T. Triki. Consolidation and value creation in the insurance industry: the role of governance [J]. Journal of Banking and Finance, 2008 (32): 56-68.